QIYE CHENGZHANGLI SHUJIA
企业成长力书架

绝对沟通

经理人制胜职场之王道沟通

黄中 著

中国财富出版社

图书在版编目（CIP）数据

绝对沟通：经理人制胜职场之王道沟通/黄中著.—北京：中国财富出版社，2015.7

（企业成长力书架）

ISBN 978-7-5047-5737-1

Ⅰ.①绝…　Ⅱ.①黄…　Ⅲ.①企业管理—人际关系学　Ⅳ.①F272.9

中国版本图书馆CIP数据核字（2015）第126309号

策划编辑　范虹轶　　**责任编辑**　邢有涛　单元花

责任印制　方朋远　　**责任校对**　梁　凡　　**责任发行**　邢有涛

出版发行	中国财富出版社		
社　址	北京市丰台区南四环西路188号5区20楼　**邮政编码**　100070		
电　话	010-52227568（发行部）	010-52227588转307（总编室）	
	010-68589540（读者服务部）	010-52227588转305（质检部）	
网　址	http://www.cfpress.com.cn		
经　销	新华书店		
印　刷	三河市西华印务有限公司		
书　号	ISBN 978-7-5047-5737-1/F·2407		
开　本	710mm×1000mm　1/16	**版　次**	2015年7月第1版
印　张	16	**印　次**	2015年7月第1次印刷
字　数	229千字	**定　价**	39.80元

QIYE CHENGZHANGLI SHUJIA

企业成长力书架

编委会

前　　言

话不说不明

在电影《大话西游之大圣娶亲》中，啰唆的唐僧捡到月光宝盒后对孙悟空说："你要是想要的话你就说嘛，你不说我怎么知道你想要呢？虽然你很有诚意地看着我，可是你还是要跟我说你想要的。你真的想要吗？"

俗话说："话不说不明，灯不点不亮。"话只有说才能清楚，才能告诉他人你的想法、观点和感受。

职场中，我们要接触到形形色色的人，要经常同上司、下属、同事、客户打交道。打交道的过程体现的不仅仅是一个人的工作能力，还有沟通协调能力。

现代职场中，一个人的沟通协调能力非常重要，沟通得好，就能和谐彼此之间的关系，有助于自我职场的发展；沟通得不好，就会导致彼此关系恶劣，阻碍职场的晋升。而那些善于沟通的人更容易在职场中左右逢缘。

我有一位朋友是外企公关部的经理。她非常擅长人际沟通。在外企这样一个人际关系复杂的地方，随时随地都会出现雷区。可是，她却发展得如鱼得水，上到老板，下至员工，还有平级的同事，同她的关系都很友好。

这并不是说她就不会遇到沟通的难题。而是在她遇到问题的时候，她会很好地解决。她说："我从来不会在能够做好的事情上为自己设路障。"情商高，具有良好沟通能力的她，从来不会让自己在沟通问题上吃亏，即使当时沟通没有奏效，她也会在下一次的沟通中让双方释然。

现代职场强调“沟通至上”，有效沟通成为职场非常重要的人际关系指南，它是职场人际关系的基础。虽然在职场中，有时候说错话要比做错事严重得多，但是，沟通是在任何时候都需要的技能。

有时候，我们在职场中会看到这样的人，他们的能力不是最好的，业绩也不是最好的，却总能得到老总的青睐，受到下属的爱戴。究其原因，是其沟通能力足够强。

职场中，能力是一方面，沟通是另外一个重要方面。职场的成功人士关于成功都有这样一份心得：25% 靠能力和努力，75% 靠沟通。

实际上，沟通可以决定你的工作能力。如果你的沟通不好，没有支持，没有配合，你的工作能力也就没法体现。

尤其是作为职业经理人，如果你要完成一项任务，上司不支持、下属不服从、同事不配合，又受到客户的百般刁难。这个时候，应该怀疑的并不是你的工作能力，而是你的沟通能力。

本书就是专门为众多职业经理人打造的，内容为制胜职场的王道沟通术，从心理、下属、上级、谈判、客户等多个角度解说最有效的沟通技巧。它将是一个高效的利器，帮助你打通职场的人脉关系，使你在职场道路上越走越远，越走越顺。

作者

2015 年 2 月

目　录

第一章

沟通：心理是基础，技巧只是工具

沟通是成交的灵魂护法，是职场与生活中必备的一种手段，是人与人之间传递感情和信息的一种方式。除非一个人把自己封藏在墓穴中，否则他无法停止沟通，无论是盲人还是语言障碍者。

但是，并不是所有的沟通都能够达成自己的目的，所以有成功的沟通，也必定就有失败的沟通。

事实上，沟通不仅仅是一场技巧、语言表达上的深入和较量，更是一种心理上的沉淀。

职场中，有些人在同人沟通的时候，会出现这种情况，即话说了很多，对方听进去的却很少，各种技巧都用尽了，还是没有打动对方。有时候，并不是他们不懂得沟通的技巧，而是不知道把握沟通的心理。

本章主要从沟通心理出发，重点讲解心理原因之下的沟通技巧。

第一节 沟通心理误区，你容易陷入哪一种

人们常说，应该在气势上压倒别人，然后才能在行动上赢得别人，这是竞争的一个手段。对于沟通也是如此，我们首先应该在心理上做好准备，然后才能在接下来的语言和行为沟通上，抓住信息的流通方式和技巧，保证信息的双向交流和反馈，最终促成有效的沟通。

因此，有些沟通的失败，主要是因为心理上准备得不成熟，没有在沟通时调整好自己的心理状态，导致被一些负面的情绪影响，沟通时因为情绪的低迷而让对方觉得兴味索然，最终因信息不畅而失败。

其实，我们每个人都会在沟通时陷入心理的误区，这是沟通中的一道阻碍，只有解决这道阻碍，才能让沟通畅通无阻，达到信息的正常回流，保证沟通的有效性。

他简直是个难以沟通的人

你身边肯定存在着这样一种人，当你在跟他们沟通的时候总觉得是两个不同时空的人生硬地咬文嚼字，你的思维总是难以进入他的大脑，而他的表述也理所当然地受到你的排斥。一旦你沉入到这种自以为是的“苦海”，你就会情不自禁地在心里叫嚣着：“他简直是个难以沟通的人。”

沟通不是单向的信息传递，而是一种双向的信息回流。不论哪一方面出现接收或是传递的失误，都有可能让沟通受到阻碍，让“纠结”乘虚而入到你们的语言传递中。

不得不承认，人与人之间是有差别的，每个人对一句话的思考和解读能力都存在着差异。所以，我们在跟别人交流的时候不要被这种“他简直是个难以沟通的人”的思维定式所左右，如果你在跟一客户沟通的过程中，时不时地扭过头来，扶着额头，小声向上帝抱怨着“上帝呀”，那么你们之间的沟通只能以失败告终。因为你在潜意识中就已经否认了对方，否认了自己的能力，你又怎能在这种“不知所云”的沟通中成功的向对方灌输自己的观点，完成交易？

其实，这种潜意识的“暗示”，正是导致沟通难以进行的原因。我有一个朋友，他在跟别人聊天的时候只顾自己的感受，从来不考虑怎样表达别人才能够接受，所以他经常会这样对自己的沟通对象说：“会聊天吗？”

相信你身边也不乏这样的人存在，这种真性情的人不允许“硬聊”出现在自己的沟通中，也自私的不会推己及人，如此，他常常在沟通的时候把责任推到别人身上，然后以这种简单明了的抱怨方式中断沟通。

鉴于这种沟通过程中的自私行径，我不得不说，沟通是两个人的事情，在沟通中你既是一个信息发出者，也是信息的接收者。当你发出的信号别人无法接收的时候，不是因为传输介质出现了问题，而是因为你们在沟通的过程中没有相互迁就。

迁就是沟通的技巧之一，根据接收者的情况合理的加工信息，使其可以自然而然的接受你所表达的意思，并能第一时间作出回应，这样信息就得到了很好地接受和反馈，保证有效地沟通。

事实上，有效沟通并不是一个难以胜任的工作，一个善于沟通的人总能在沟通的过程中明确地表达自己的观点，并让对方准确的接受。而总是在沟通的过程中抱怨别人是否有沟通细胞的人首先应该反省自己，你跟别人沟通的时候是否带着脑袋。

因此，在沟通中，不要过早的为你沟通的对象戴上“难以沟通”的帽子，因为在你诋毁别人的同时，也否定了自己，甚至会让别人为你贴上“沟通障碍”的标签。沟通的时候，要仔细分析对方的语言表达特征，思考怎样的语言表达能让对方接受。所以，沟通的过程要不断地思考，耐心

地倾听，如此，才能保证沟通的有效进行。

总而言之，沟通不是一个人的事，沟通过程中，要在语言中多点照顾，在耐心中多点迁就。

我怎么会沟通失败呢

在做产品介绍的时候，对方明明表现出极大的倾听热情和兴趣，为什么在最后的临门一脚却被拒绝得干净利落？

在商业谈判的时候，说的话句句在理，优势潜力列举的头头是道，为什么对方最后却说“考虑考虑”？

很多职员在向老板提意见时，总不能从老板那里得到赏识的目光，赞赏老板的“英明神武”时，总会马屁拍到了马蹄上，还被其他同事赋予“马屁精”的称号；不少领导同下属沟通，明明很真诚恳切、将心比心，却总会在下属虚假的笑意中收到“虚伪”“站着说话不腰疼”的表情暗示。

在职场中，经常听到有人抱怨说：“怎么会？明明聊得很好，我怎么会沟通失败呢？”“明明抓住要害，我怎么会沟通失败呢？”“我沟通能力那么强，怎么会沟通失败呢？”

先天基因下的性格因素、语言天赋，让不少人在沟通之路上无师自通，成为众人口中能说、会说、敢说的“沟通天才”。也有些人，在沟通道路上不断摸爬滚打，学习锻炼成为了“谈判专家”。可是，就在他们津津乐道自己的沟通能力的时候，一个突然的打击却将光环击碎成粉末。于是，在突如其来的打击之下，“沟通达人”长叹感慨道：“我怎么会沟通失败呢？”

就这样，在沟通前和沟通后，很多人会陷入“怎么会”这种意料之外不可理解的心理误区中。沟通能力无可挑剔的人，在沟通前，会在众人的好意提醒之下，认为是杞人忧天，自信自己“不会沟通失败”；而在沟通失败局面已定之后，会不解自己“怎么会沟通失败”。

我经常听到他们在“沟通失败之后”的抱怨声：“可笑，我怎么会沟通失败了？对方理解能力也太差了吧！”或者是“对方也太挑剔了吧，我怎么可能沟通失败！”

事实上，我们在做一件事情的时候，结果只有两个，成功或者失败。成功和失败各自为营，占据一半。爱迪生的成功也是建立在无数次的失败的基础上的。所以，在听到身边的人同我抱怨沟通失败是因为对方的不好时，我会反问他们一句：“为什么你就不会沟通失败？”

沟通是一个颇有技术含量的活。好的沟通技巧、卓越的沟通能力可以促成沟通的成功。可是，沟通的对象是人，而人又是颇为主观情绪化的动物。一场沟通，会因为这种那种原因变成失败无效的交谈。所以，不要对“我怎么会沟通失败”耿耿于怀。任何一场沟通都存在失败的可能性，即使你真的是“沟通天才”“谈判高手”，进行一两次失败的沟通也是极为平常的事情。

收起无谓的抱怨，正视自己的失败沟通，最主要的是要在失败的沟通中总结经验，了解当时沟通所处的特殊环境、遇到的特殊人物、出现的意外状况。只要能从这些方面思考，对你而言，即使是失败的沟通也不全然是失败，毕竟失败的是结果，成功的是你在失败沟通中累积的经验。

我该如何对他说这件事情呢

想请假，可我该如何对领导说这件事情呢？

感觉和他不合适，我该如何对他说分手这件事情呢？

不想参加这次集体旅游，在大家情绪无比高涨的情况下，我该怎样说才不会显得不合群呢？

我们在看电视剧时，经常会看到这样的桥段，一个人会在门前或者洗

手间内反复地练习怎样表述，越纠结越紧张，最后的结果往往是不理想的，要么是被对方意外听到尴尬不已，要么是被对方拒绝，最后导致沟通失败。

在日常生活和工作中，我们总会在沟通中纠结于该如何同对方说一件事情。

我有一个朋友，他的第一份工作干了一年，其中辞职的想法在他心里酝酿了半年之久。我不止一次听到他对我说："我该如何对老板说辞职的事情呢?"而当我以为他已经辞职的时候，却从他那里听到诸如老板心情不好、辞职员工太多不好开口等导致他没有作为的理由。

在具体的沟通中，我既不倡导没头脑的乱沟通，也不倡导将时间浪费在"如何说"上面。

然而，很多人都在犯这个错误。

"我该如何对他说这件事情?"成为了他们沟通时常常会出现的最大的心理障碍。

他们会在沟通中存在这样一种感受。想向他人说一件事情时，这件事情可能在他们心中看得比较重，或者难以开口，比如表白、辞职、请假、加工资，甚至只是单纯地想要表达关心。可是，这些人在产生想要沟通想法的那一刻就在纠结"如何说""怎样说"。自然，为了得到自己预期的沟通效果，更能容易让人接受的表述是我们在沟通时需要考虑的。但是，考虑不是纠结，不是满脑袋都在想如何说，更不是下定决心、纠结，再下定决心、再纠结。

一家企业在运营的时候，完全摒弃了"无效成本"，因为它对企业的价值和利润没有丝毫利处。而在沟通中，始终在纠结怎么样同对方说就是沟通中的"无效成本"。

因为一直在纠结，很容易会错过沟通时机，要么是没有同他人产生沟通行为，要么就是时机不对，沟通失败。正如我的那个朋友，当他在纠结如何对老板说辞职这件事情的时候，就错过了最佳的沟通时机，要么是老板状态不佳，要么是被别人抢占了先机，白白浪费了自己半年的时间。

沟通是双方之间的言语交流，言语表达是人类很自然的能力，所以沟通也应该是一件很自然而然的事情。当然，为了产生自己预期的沟通效果，在沟通时需要考虑具体的氛围、时机、双方的状态等因素。但是，沟通不应该存在纠结，更不应该将时间花费在“如何说”上。

所以，与其把时间脑力浪费在如何表达上面，倒不如寻一个好的沟通时机，挑一个好的沟通氛围，这才是沟通前最应该准备的事情，毕竟沟通成功是多方因素促成的结果。

为什么非得和他直接交流

在沟通中，我们还会存在这样一个心理误区——为什么非得和他直接交流?

同样地，这个心理误区也是不少人在沟通中纠结的具体表现。当他们在纠结要不要直接交流的过程中，同样会产生所谓的“无效成本”。

有些人或者因为心里忌惮沟通的另一方，或者在性格、为人处世、行为习惯等方面讨厌沟通的另一方，抑或是因为地位、职位等方面的悬殊而没有沟通方面的自信，从而不希望通过直接交流的方式完成沟通行为。于是，便想着通过间接沟通，如 QQ、微信等通信工具，或者由他人传达等完成沟通行为。可是，又因为想到直接交流表达更清楚，更显真诚，更能促成沟通的达成，又在考虑自己是否应该直接交流。

就这样，这些人遇到沟通就百般地纠结于沟通方式，为什么非要直接交流?为什么我不可以通过 QQ、微信、MSN 等通信工具，或者干脆让他人同他交流表达我的意思呢?为什么我不可以这样，非得那样呢?

最后的结果同样是错过了沟通时机，甚至是错过了沟通，最后没有

沟通。

说一个非常典型的例子。

我有一个朋友是做技术工作的。有一段时间，公司加班现象非常严重，常常要加班到深夜一两点。我的这位朋友对这种没有节制的加班深恶痛绝。很多时候，他都很想向主管表达自己对这种加班的意见。可是，当他想要同领导就加班事宜进行沟通协商的时候，却又在想，为什么我非要到他的办公室同他直接交流？我不可以在 QQ 上同他沟通吗？可当他使用 QQ 的时候，又觉得还是自己直接交流比较好，这样沟通成功的可能性比较大。

最后，他既没有同领导直接交流，也没有通过 QQ 表达。就这样他忍受了一个半月加班到深夜两点的痛苦。

何谓“沟通”？

在古代汉语中，“沟通”就是使两水相连，彼此疏通。无论是采取什么样的沟通工具，最后疏通才是最重要的。

而沟通方式有很多，如面对面交流、书信通信工具交流、他人传递信息等。条条道路通罗马，众多的沟通方式最终都殊途同归，目的只有一个，就是充当工具帮助你促成沟通的成功。

所谓“机不可失，时不再来”。当你纠结的时候，很大可能会存在这种情况，无论你是采取直接沟通或者间接沟通，都能促成沟通的达成。但是，因为陷入这种心理误区中而错过了沟通时机，甚至因为纠结而没有采取行动，最后在浪费了自己时间的同时，沟通失败。

所以，纠结于沟通方式是极为不明智的做法，也不是好的沟通者应该有的心理状态。可以直接交流，就直接交流。不想直接交流，就独辟蹊径，选择其他的沟通方式。

我何时存在过沟通问题啊

我们身边会存在这样一种人，他们非常自信自己在沟通方面的能力，觉得自己在沟通中不存在问题。而当别人好心提醒他沟通中存在一些小瑕疵时，他们会大声疾呼：“我何时存在过沟通问题？我的沟通没有问题！”

不少人会陷入上面这种心理误区中，并且始终坚信自己的沟通没有问题。自己有口才，会察言观色，亲和力又十足，让别人明白自己的表达认同自己的观点接受自己的意见是轻而易举的事情。

我在一次饭局上接触到一位金牌销售，有傲人的销售业绩。当时，在座的很多人都在问他如何同客户进行有效的沟通以促成交易的完成。这位金牌销售提供给众人很多切实可行的方案。后来，一个人问他在沟通方面有没有问题时，这位在乐此不疲地向别人宣扬自己沟通技巧的金牌销售随口便说：“没有问题。”

在这两个人中，金牌销售无疑陷入了这种“我何时存在过沟通问题”的心理误区中。当然，发问的这个人也是欠缺沟通技巧，导致沟通失败。

沟通没有问题的自信常常出现在那些沟通能力一向很好，沟通成果也很不错的人身上，他们对自己的沟通能力从来没有怀疑过。

通常情况下，当他们沟通成功了，如果得到了别人沟通方面的提醒，会在心里觉得此人多此一举。看，我沟通不是成功了吗？我的沟通怎么会有问题呢！

即使是最后沟通失败了，他们更加不会从自己身上找原因。在失败结果赤裸裸地摆在面前的时候，会一脸愤恨地说：“我何时存在过沟通问题啊？”然后认为是自己点儿背，运气不好，或者对方挑剔，难以沟通，看自己不顺眼，和自己不是一个沟通世界的人。

有些领导在同下属沟通的时候，总认为下属认真倾听是理所当然的事

情。可是，沟通是双方之功，你一直在讲，对方一直在听，那不是沟通，而是指示。当沟通并没有向着自己预期的效果走的时候，领导会在心里纳闷，我的沟通没有问题啊！

总之一句话，我的沟通不存在问题！

可是，你的沟通为什么没有存在问题？

完美一直以来都是人们为人处世最高的追求标准。可世界上并没有十全十美的人和事。沟通成功了，具体操作过程中存在一些小的问题很正常；不愉快、失败了，存在沟通问题更是正常。

一场融洽完美、结果甚好的沟通是由很多因素促成的，一场不愉快的沟通也是由很多因素促成的。但是，当沟通不甚完美或者沟通失败的时候，我们首先应该想想是不是自己的沟通存在问题，是不是表达得过于自信，没有设身处地地站在他人的角度考虑，还是我们在沟通时过分地打听别人隐私，问了不该问的问题？

有问题是很正常的事情。有问题才有改进的地方，才有进步的空间，一切进步从来就不惧怕问题的出现。

第二节 求同存异，获取沟通入场券

新人杜小野成功应聘到一家外企工作。不过，刚到外企，小野就遇到了困扰。

小野发现，公司的同事总是那么忙。即使想同他人沟通，也不好意思打扰。遇到不懂的地方，同事也是不冷不热地点到为止。

小野实在不知道该如何同这些新同事沟通。

如何同他人进行有效的沟通，开启良好的人际交往模式，是困扰很多人的问题。

其实，沟通不难，坚持“求同存异”的原则，即使是遇到不爱沟通的人，你都可以成功地同他开始话题。

本节，将重点介绍几种策略，让你成功地获取沟通入场券，让对方从心理上接受你。

人们通过废话建立感情

美剧《老友记》中的乔伊喜欢同美女打招呼，每一次见到美女，不管认不认识，他都会凑上去说上一句：“How are you doing?”（你还好吗？）

这种同陌生人说上一句：“嘿，你好吗”“最近怎么样”“感觉如何”……在外国是非常常见的事情。所以，很多人到外国会觉得外国人很热情、很友好。

虽然我们中国人不太适应外国人这种开放的交流方式，也不会在大街上遇见陌生人就同他这般热情地打招呼。但是，在中国人的沟通中，同不甚熟悉，或者有眼缘的陌生人问上一句“你吃了吗”“今天天气真不错”也很正常。这种打招呼被我们称为“寒暄”，而“寒暄”成为了我们同另一个人沟通的开始。

在这里，诸如：“你吃了吗”“你好吗”“今天天气真冷”等打招呼用语无关紧要，可以列为生活中的废话行列。因为，你认为没有必要同这些和你工作生活没有交集或者交集甚少的人说话。

但是，真的是没有必要吗？

这些看似没有什么意义的废话其实有很大的作用。通过这些废话，我们可以引出很多话题。而且，通过对方对这些废话的回答，可以看出他们是否有交谈欲望，是否能同他们进行深入的沟通。而在人与人的沟通中，人们往往可以通过这些打招呼的废话建立相互之间的感情。

就如乔伊，如果他看见美女问上一句：“How are you doing?”可能在

美女回答“I’m doing good”（我很好）之后，他就可以趁机多聊上几句，然后打开话匣子，让对方同自己产生交谈的兴趣。

有一些刚进入公司的新人，因为对环境、同事不熟悉，可能觉得在公司中找不到位置。当别人交谈时，自己更是不好插话进去。而如果自己表现得过于安静，就很容易在同事面前显得孤僻不合群。这个时候，新人不妨在上班的路上或者在公司中，同同事打声招呼，先从寒暄中建立感情。

当新人和同事说上这些“废话”的时候，就是在向同事暗示，我乐于同你交谈，我不是一个孤僻的人，我喜欢同你接触，我渴望融入集体。

我有一个朋友真的这样做。刚到一个新单位，他会热情地同单位的同事打招呼，同事也会回应他，沟通得很好，朋友很快就融入到新的单位中，也从同事那里得到了积极、开朗、好相处的正面评价。

所以，如果想要同他人沟通感情，而又不显得自己突然开始的话题有些突兀的话，不妨将“废话”作为良好沟通的敲门砖，从这些废话入手。所谓“伸手不打笑脸人”，相信，当你对一个人说上这些看起来是“废话”的寒暄话之后，很少会有人不回应你。而当你们进行了“废话”交谈之后，为了不显尴尬，很可能会将话题继续下去。这样，你自然而然就同他人近了一步，可以更多地了解到对方的兴趣、爱好、习惯等，从而深入了解对方，拉近彼此之间的距离。

当心你周围不笑的人

卡耐基说：“笑是人类的特权。”笑确实是上帝赐予人类最美好的表情之一。有人说，笑胜过人类的一切言语，是人类在同人沟通中的无声语言，是人类最美好的容颜。

鲁迅先生在其诗词《题三义塔》中说：“相逢一笑泯恩仇。”恩仇都可以通过笑来化解，可见笑的作用确实很大。

俗话说："笑一笑，十年少。"对于这个既能舒缓紧张情绪，又能在毫不费力之下就保持年轻心态，让你展现更加漂亮容颜的表情，很少会有人拒绝。而哭和笑也是儿童大部分的表情。在儿童最为初始的表情中，哭和笑占据的最多。

我有一位朋友，有一天跑过来对我说，公司的一个同事不喜欢她。我问她是不是想多了，怎么知道这个同事不喜欢自己？

她告诉我，当她在公司讲有趣的故事时，所有人都被她逗乐了，唯独她的这个同事没有反应。而且，这种情况已经发生过很多次了。

不久后，我的这位朋友果真同她的那位同事发生了争执，那位同事也从言语中表示了对我这位朋友的极度不满。

后来，经过朋友的这件事情，我对此进行研究，发现也确实如此。

通常情况下，当你对别人报以真诚的微笑的时候，别人也会回报你一个微笑。同你一样，他除了向你表达他的心情还不错之外，也在向你表达你并不让他讨厌。

当你周围的人很容易就被你的话逗笑的时候，无一不在表明，他们对你的话题很感兴趣，对你很感兴趣。而那个数次不笑的人，除非他天生不爱笑，对所有人都是一张冰块脸，不然，如果在面对你的时候，他始终无法展颜，也很难对你表现热情，在排除他心情不好或者笑点很高之外，很大可能就是在向你表明他对你和你的话题不感兴趣，甚至不喜欢你。这对你来说，将是一个很大的暗示。

对于那些你对他微笑，他却没有丝毫笑意，冷眼相待，说话也不冷不热，并且很不愿意将话题继续下去的人，你就不要再猜测了，他真的不喜欢你。

通常情况下，我们对于那些不对我们笑的人基本上是没有什么好感的，也会在同他们沟通上产生抵触心理，甚至非常排斥这类不笑、不对自己感兴趣的人。

所以，在职场中，对于不对你笑、不喜欢你的人要当心。并不是说他们会做出什么不利于你的行为，而是说，他们并不一定就是你沟通的好选择。

其实，这也在反方向地暗示我们，在不讨厌一个人的情况下，多笑，通过笑给他们一个暗示：你并不讨厌他们，并且欢迎他们同你进行沟通。

别轻易打断别人说话

你在同他人进行沟通交流的时候，除非必要，你肯定不喜欢别人打断你说话。

培根说过："打断别人，乱插话的人，甚至比发言冗长者更令人生厌。"确实，几乎所有的人都不喜欢说话时被人打断，不管什么原因。

当我们说得很兴奋，或者正要表达自己精彩观点的那一刻，惨遭别人打断，在这种情况发生的一瞬间眉头一皱，内心深处是非常厌恶的。所以，己所不欲，勿施于人。我们在倾听别人说话时，也要尽量避免打断别人，不要随意插话。轻易打断别人说话并随意插话在人际交往中是一个非常不礼貌的行为。这关乎个人修养，关乎素质，关乎能否照顾他人感受的情商。并且，打断他人说话，除了阻断他们将欲出口的言语之外，很有可能会阻断他们的思路，让他们不知道怎么说下去。这样很容易给对方留下一个不好的印象，导致沟通的不愉快甚至失败。

而且，你为了纠正他的观点会打断他的表述说："不对，这个不对……"放心，这个时候，即使他被你突然的插话终止了自己观点的表述，也不一定会接受你的观点。

心理学表明，当一个人讲话的时候，只有当他将自己的观点表达完毕，才愿意听进去别人的意见。所以，不要打断别人的讲话，急于纠正别人的观点。这除了让刚刚表述的人觉得很尴尬恼火之外，更在你表述的时候想着自己未说完的话。这个时候，他怎么可能听进去你的观点或意见呢？最后，沟通自然是失败的，还在别人面前失了礼貌与修养。这种情况，在同客户交谈或者同领导就某件事情进行沟通的时候，千万不要出现。

即使对方说得再怎么不对，我们也要成全他们的表达欲望。尤其是在很多人倾听的情况下，你的随意打断很可能就让你同表述的那个人的沟通画上了不可能。

当然，也可能存在这种情况，比如，领导在开会时，一个非常重要的客户打电话进来，你不接电话可能就错过了一笔大订单，这时就需要你打断领导的讲话，并礼貌地向领导请示，简短地说明情况。或者，同事在会议上做报告时遗漏了很重要的一个方面，关乎方案的制订。这个时候，我们就可以礼貌地询问对方说："我可以补充一下吗？"然后，再简明扼要地做好补充。

每个人都有想要表达的欲望，尤其是当谈话出现共鸣的时候，很容易会打断别人说话，述说自己的感受。我在这种情况下的说话被人打断的次数很多，深知话未说完的痛苦。所以，我在同人交谈的时候，也极力避免插话的情况出现。

有一次，我在和一位客户进行洽谈的时候，他向我讲述了一个故事，这个故事我听说过。可是，我仍旧是扮演了倾听者的角色。直到客户将故事讲完，并且表达好自己的观点之后，我才说："这个故事我也曾听说过，我觉得……"最后，客户对我的评价是，有礼貌与修养，并表示很愿意同我进行深入的交流。

我们在同人交谈时要尽量避免打断别人说话，否则，会将沟通扼杀在摇篮里。即使打断有必要，也要注重技巧，说明原因。事实表明，对于迫不得已礼貌顾及他人感受的打断行为，虽然不喜欢，但很多人最后都能理解，沟通也不会受到太大的影响。

大多数人都喜欢“被忽悠”

赵本山在他的小品《卖拐》中说：“我能把正的忽悠斜了，能把焉儿的忽悠谑了……”而他也确实凭借着自己无敌的忽悠本领成功地让健康的范伟拄上了拐杖，并赔上了一辆自行车。

“忽悠”一词存在很大的贬义，和欺骗相挂钩。在现实生活中，我们也经常听到“你别忽悠我”这样的警告。我们在得知被人忽悠之后，也是异常的恼怒。然而，人们心理上的事实情况却和情绪上的表现相反。在日常沟通交流中，大多数人都喜欢“被忽悠”。

不知道你是不是有这种感受，当对方说一个情况时，你会觉得非常符合自己，不管是在言语还是在心理上都表示赞同。而如果说话人是权威人士、专业人士，你对他们描述的情况更是深信不疑。

其实，“忽悠”最主要的就是要抓住对方的心理，让他们觉得同自己情况符合。而成功的“忽悠者”都深谙心理学，他们都善于从对方的心理出发，所说的要么是对方喜欢的，要么是对方害怕的，都是和心理的某一种反应相关。

在《卖拐》中，赵本山把范伟吸引过来，看到他就说“非常严重”“太严重了”“这病发现就是晚期”。作为四肢健全身体无恙的健康人，我们害怕生病。任何人听到别人说“严重”“晚期”这样的话都会在心里咯噔一下。而赵本山又在后面问范伟：“感觉没感觉你身体的某个部位和过去不一样了？”这是一种误导。因为，既然范伟已经有些相信自己身体有病了，肯定会绞尽脑汁地想自己身体的异样，最后也确实发现了不一样的地方：“我就觉得这脸越来越大了。”其实，无论范伟说什么，赵本山都能扯出腿上的毛病来，即使他什么都不说，赵本山依然可以说出让他深信不疑的话。

看过这个小品的人，没有不为赵本山的精明和范伟的蠢钝发笑的。

可在现实生活中，大多数人都在充当着范伟的角色，同样是心甘情愿地“被忽悠”。不同的地方在于，我们期待的“忽悠”是同恶意的欺瞒无关。

不太属实的赞美可以被称为“忽悠”，夸大事实的描述可以被称为“忽悠”，拍领导马屁，同样可以归为“忽悠”的行列。拍对了马屁，就为自己同领导的有效沟通创造了好的条件。而销售人员在推销产品的时候，也是抓住客户喜欢被“忽悠”的心理，利用一些比较大众化、模棱两可的语言，让客户觉得“就是如此，我就是这种情况”。自然而言，客户就会对推销者信任有加，也很乐意花时间听他的“忽悠”。

我们在同他人沟通的时候，不妨学着运用“忽悠”的策略，从对方心理入手。这不是在欺骗，而是在沟通感情，打造良好的沟通环境。

比如，你在和同事沟通交流时，发现她穿了一件新衣服，可能这件衣服穿在她身上并不是很好看。但是，任何一个穿上新衣服的人都想要被赞赏。这个时候，你所该做的就是在看到她的那一刻，真诚地赞美她：“好漂亮啊，这衣服穿上真好看!”这样的赞美是顺着她的心理出发，可以说是“忽悠”，是善意的谎言。而任何听到这样赞美的人心里都会乐开了花，很容易会同你交谈下去。

绕开“以自我为中心”

庄梅很喜欢同下属沟通。可是，最近她却发现了一个奇怪的现象，部门里的下属看到她，除了同她打声招呼，说声“经理好”外，其余的就没有了。即使她主动同下属说话，得到的也是“嗯”“是的”“就是如此”这样的回复。想同下属深入沟通，多了解他们的状态竟然成了难事。后来有一天，庄梅无意间听到有关自己的评价，竟被扣上了“太以自我为中

心”的帽子。

在我们的周围肯定存在以自我为中心的人。他们凡事只满足自己的欲望，要求人人为己，不顾及他人的感受和需求。这样的人在言语的交流沟通中会表现得非常明显。他们在同人交流时要么是喋喋不休，一刻难停；要么就是听得不顺耳，动不动就插入一句“你听我说……”“我觉得应该这样……”“你这样不对……”如此带着自我标签的话语。

沟通本来就是有两个主体，并不存在主次的一方，说得再多，有听的人才算有效。尤其是当我们同他人就某一件事情发表看法，或者试图纠正对方观点的时候，就要避免以自我为中心。对此，我有非常真切的感受。

我之前有一个泛泛之交的朋友。之所以同他交情不深，就是因为他太过于自我。而他的自我在同别人的谈话中表现得非常明显。我在同他说话时，他经常会批判一个观点，然后加入自己的看法，气势很是咄咄逼人。不仅如此，他经常在我表述的时候，像灵感突然袭来一般，抢过我的话说：“你听我说……”出于礼貌，我会安静下来听他表述，但是，他发表的言论和观点，我并不能做到心甘情愿地接受，在心里也不太乐意将话题进行下去。

对于在交流沟通中，这些不知道关注他人感受，太以自我为中心的人，常常会被划入“不会聊天”的行列。而通常情况下，“以自我为中心”的人是不会受到任何一个团队欢迎的，在聊天中也很不受人待见，常常会成为“话题终结者”，让进一步的沟通成为零。

为了避免成为话题的“终结者”，让沟通成为泡影，我们在沟通的时候，一定要绕开“以自我为中心”。

在职场中，无论是对待上级、下属，还是平级的同事，哪怕是和陌生人沟通，都要绕开“以自我为中心”。尤其是作为职业经理人，在同领导沟通的时候，或者能够做到有些克制，但是在同下属沟通时，就要避免过于自我，要充分地顾及下属的感受。

在具体的沟通语境中，要尽量多地使用“我觉得”“我认为”“我以为”等这样带有自我成分的短语，尽量使用第二人称，让对方觉得被重视，是在同他交谈。

同时，如果是对方在说，不要轻易地打断或者插话。所谓“听说”就是听在前，说在后，学着做一个好的聆听者。

在沟通中不以自我为中心，多关注他人，既是职场人士应该掌握的沟通诀窍，也是一个人修养的体现。所谓言由心声，言语上咄咄逼人，不考虑他人，在具体的行动中也很难关照他人。最重要的是，一场有效的沟通是双方之功，你始终以自己为中心，沟通很难达到预期的效果，也可能就在你自我的言论中，中断了对方想同你沟通的心思。

他想听到的是你是否赞同他的意见

许芳在电梯内遇到另一个部门的同事莫倩倩。莫倩倩向许芳抱怨说：“真讨厌。领导这个月给我们部门制定的任务根本完不成，一点都不切合实际，工作真是做够了，都不想干了！”许芳一脸惊讶，接话说：“你要辞职？”莫倩倩听后一愣，连忙说：“没有啊，我只是说说而已。”然后头也不回地走出了电梯，心里想着许芳真不会说话。

不知道你是否遇到过类似于许芳这样的事情，本是顺着对方的话接下去的，或者对他人的烦恼和抱怨安慰的很得体，却并没有从他们那里收到安慰的反馈，草草地结束了谈话。

其实，这里不关你话说的好不好。

在大多数情况下，很多人在表述后，只想听到的是你是否赞同他的意见，能否同他站在同一战线，产生相同的共鸣心理。而不是要你提出多好的解决方案，给出多好的意见，为他们排忧解难。

正如上面的例子中，如果许芳赞同莫倩倩的观点，莫倩倩会觉得许芳同

自己有相同的感受，也愿意同许芳将话题进行下去，而不是弄得不愉快。

比如，同事向你抱怨说：“这个月任务真是重，我忙得昏天暗地，还是有一个客户没有搞定。”在这里，我们要明确同事是在向你抱怨，是在抒发自己工作繁重。他需要听到的也是你对他劳累的认可，赞同他任务重，而不是需要你对他进行技术上面的指导。如果你给出了指导性意见，他可能会在心里觉得你多管闲事，或者觉得你是在炫耀，两人之间的沟通也不会愉快。

我们在沟通中强调“同理心”，也就是能够站在对方的角度考虑，和对方站在同一个立场，理解他们的处境、情绪和感受，并为此做出确切的反应。在这里，我所说的“是的”并不是要你真的赞同他的观点，而是要有“同理心”。

面对他人描述的一个观点或者叙述的一种情况，尤其是带有情绪性的话语，赞同他往往会是良好沟通的开始。事实证明，我们在同他人交谈的时候，最希望得到的是他人肯定性的答复，也比较喜欢同赞同自己，和自己有共鸣，能够站在同一战线的人交谈。

为此，在具体的沟通中，我们可以先赞同别人的话，说上类似于“你说的对”“就是这样”“我也有相同的感受”等，或者在对方表达的时候，点头示意，表示你的赞同，让对方从你那里得到回应，说同对方情绪一样的话，说感同身受的话，这样的回应更受人欢迎。而如果你有不同的意见，可以在这些铺垫之后再说，对方也比较容易接受，更容易让他们觉得你是“自己人”，而乐于同你进行交谈。

他说的真的就是你听的吗

传说，春秋时期，宋国有一户人家，这户人家没有水井，需要到很远的地方挑水。后来，为了吃水方便，这户人家便请人在自己家里打井，这样就不用再派一个劳动力从外面打水了。井打好之后，主人便说："吾穿井得一人。"后来，这句话被传成了挖井挖到了一个人，为此还惊动了宋国的国君。

我们常说"耳听为虚，眼见为实"。心理学研究表明，人们在视觉上会出现误差。同样地，在听和说上面也存在一定的误差，即使是两个人面对面的交谈也不一定就能听出对方说的话。

有些时候，谣言并不一定就是别有用心之人的传播，可能是因为听说之间的误差。这个人只听到了表述者说话的70%，另一个人只听到这个传播者说的70%。就这样，真实的情况被一再地打折扣，最后便产生了所谓的谣言。

美国加利福尼亚大学研究发现，上司传话给下属，只有20%~25%会被下属正确理解，而下属传达给上司的话，仅有10%被正确理解。这种沟通的逆差，被称为"沟通的位差效应"。

所以，我们经常会感叹："我说的不是这个意思啊!""我明明告诉他应该这样做了，他怎么还是做不对?"

领导安排给你一个任务，并告诉你这个任务不急，可以在手头任务完成的情况下再去做。然而，对于这个安排，很多人的关注点会是旧任务和新任务带来的大压力，而容易忽视领导后面的提醒。

因为听说之间的误差，当我们同他人沟通的时候，一定要注意，他说的真的就是你听的吗?

我们在同他人沟通时，可能因为地位、文化背景、心理、个人经历等因素的差异而出现沟通上面的障碍，这个障碍让我们不能完全会意对方所说的话。而大脑对信息有选择功能，让我们在交流中只会听到自己愿意听到的信息，在事后有印象并且能回想起来的也只是自己愿意接收的那部分信息。

我有一个朋友所在的公司进行一次审查。会议上，领导说："为了了

解公司的运作，总公司派人进行一次例行审查，希望大家积极配合接下来的审查工作。”对于这样一句话，不同的人听到的就不一样。有的人会想总公司审查背后的真实动机，是公司内部出现问题了吗？有问题的员工听到的可能就是威胁自己的调查。可当时领导最想表达的意思，只是希望员工能够理解并配合审查工作。

我们都有这样的经历。在和别人沟通的时候，往往自己的话刚说了一半，对方就想当然地给出了答案，而这答案并不是你想要的；还有一种情况，在我们表达完毕之后，对方可能在纠结某一个问题，问你为什么，而这个为什么已经在你后面的表述中出现了；或者你花费了大量的时间解释的是此，可对方理解的却是彼。

为了避免听和说的误区，在沟通中，我们要善于倾听，在倾听的时候要耐心地听对方说完，听出对方想要表达的真实意思。尤其是在领导指示任务，或者下属汇报工作的时候，我们一定要避免沟通方面的误差，确认自己听到的是对方想要表达的重点，可以询问对方：“你看我这样理解对吗……”“我可能没有完全理解你的意思，你看是不是这样的……”通过再次确认的方式来避免在具体操作中出现问题。

如果没人问你，就不要指指点点

张宇是新上任的部门主管。为了了解下属的工作，他没事时喜欢走出办公室到下属工作的地方转转，当看到下属工作做得不对也会上前提醒一两句，告诉他们应该怎么样。可是，张宇的“热心”并没有得到相应的回报，下属常常在背后说他“多管闲事”，更不愿同他进行更多的沟通。

我们身边有不少人快人快语，喜欢“指点”他人工作，不管对方乐不乐意。一般来说，这类人都比较热心，对同事也比较友爱，希望能通过自己的“指点”来帮助同事解决困难，与同事之间建立友好的感情。可是，有一句话说："我需要你指点，但不需要你指指点点！"不经他人允许就对他人的工作内容进行评价或者提出意见的，不是指点而是指指点点。

在工作中，我们非常反感对自己的工作指指点点的人。职场老人讨厌，职场新人同样不喜欢。而对别人的工作指指点点也是职场人际关系相处的大忌，即使你是领导，这样做也不可以。

喜欢对别人指指点点是一种非常自我的表现，而这样的人也比较缺乏"同理心"，在同人接触时不太爱关注他人的感受。他们喜欢按照自己的方式思考问题，并且希望别人也顺从自己的思维方式和行动方式。无不管他人有没有出现问题，他们都喜欢发表意见，说上一句："我觉得你这样做更好。"可事实上，每个人有自己的工作方法和工作习惯，只要他们没有明确开口向你求助，就在说明，他们还不需要帮助，更不喜欢别人插手自己的工作。

所以，在职场上，我们在同人沟通时，要明白一个道理：如果没人问你，就不要指指点点。尤其不要随意地对他人的工作内容、工作方法、工作效果进行指指点点。

很多人也许会说，自己是出于好心指出错误提醒他们。可是，即使你说出来对他有实际的好处，能够帮助他解决一个问题，免受领导的责罚，也尽量不要在对方没有明确问你的情况下说，尤其不要说"你应该这样"或者"你应该那样"，除非真的有必要。因为你的任何一次突破"指点"范围内的指指点点就可能会给对方留下非常不好的印象。就在你"指点"他们的过程中，他们会在心里不屑地说："你能力有多强啊？上个月的业绩还不是平平！""领导就可以这样指手画脚吗？"从而在坏印象和不屑中拒绝同你交谈。

即使对方在问你的意见，你也要用委婉的方式，更应该避免"应该如此"的强硬表达，不然意见也会变成"指指点点"，沟通同样达不到效果，与同事之间也达不到感情上的交流。

“我也”回应法

张海亮同林一一到食堂吃饭。其间，林一一向张海亮抱怨说：“有些客户真是奇葩，我昨天就遇到一个要求特别多，特别难缠的。”张海亮听后不知道说什么，回了一句：“嗯。”林一一又说：“我们公司的伙食真不错，我挺喜欢的。”张海亮再次回了一句：“嗯。”最后，林一一也不说话了。

在网络聊天最伤人的回复中，“呵呵”同“哦”成功地夺得了“最伤人”的称号。不少人表示，这两个回复没有感情，等于没有回复。可是，发出者却委屈地说：“我听到了，只是不知道该说什么。”

有一项研究发现，如果婴儿向妈妈发出信号，妈妈若超过七秒才有反应，婴儿就会产生受挫感。而如果婴儿经常处于受挫的状态，他就会很少甚至不会向妈妈发出信号。

婴儿尚且如此，成人就更甚了。

没有回应，或者没有好的回应的沟通就是无效的沟通。沟通需要回应，让叙述者知道并不是他一个人在唱独角戏，这样才更容易将话题进行下去。

而在回应中，一句简单的“哦”“嗯”并不是好的回应策略。即使你发出音节，也不会让对方感到你在认真听他们讲话。比如，当你激情盎然地在向另一个人叙述一件事情的时候，对方只回应一个简单的“哦”，相信你所有的激情都会被浇灭，也没有了继续聊下去的欲望。

那么，究竟怎样才能同别人有效地沟通下去呢？

我有一个朋友接下一个单子。这个单子的老总非常难搞，公司里的很多中高层都出动了，仍是没有将他拿下。我的这位朋友主动请缨，将客户约到了一家餐厅里。朋友是做足了客户的功课，把他的兴趣爱好、为人处世了解得很透。两个人聊天，企业老总聊到收藏，我的这个朋友无意间表示他也喜欢收藏，家里收藏了不少玉器。企业老总一听就来了兴趣。接下来的时间里，这位企业老总同我的朋友在收藏上面聊了半天。一顿饭下来，朋友同企业老总没有谈半句有关合同的事情，可是，两个人相谈甚欢，一个星期之后，我的这个朋友便成功签单了。

事实证明，在回应他人的话时，用“我也”回应法会比“哦”“是的”更加有效。沟通中，为了求同存异，说上句“我也遇到过这种情况”“我也这样认为”“我也是这样做的”，很大可能会赢得对方的好感，很容易会让对方觉得你同他有共同的喜好、兴趣、观点、感受，继而在有共同话题的基础上，打开沟通缺口，让对方觉得同你谈话并不是在浪费时间。

即使你不甚认同对方的观点，在回应一句“我也怎么样”之后再发表你的意见也更容易让人接受。

当你同上司沟通交流的时候，回应一句“我也”，很可能就让上司觉得你同他站在同一战线上，也很容易勾起话题，寻求两个人的共同点。同样地，在同客户交谈时，“我也”回应法能够起到相同的效果。平级的同事之间这样回应，能够更好地增加相互之间的感情。

第三节　沟通的微线索：语言之外的信息

语言是沟通的第一要素。我们可以通过一个人的语言看出他的性格、心态、处境等。行为心理学研究表明，通过一个人语言之外的动作可以很好地窥探出这个人的真实一面。

言语之外的行为动作也确实是沟通的微线索。我们往往能从这些线索入手，打开沟通的入口。

在具体的沟通行为中，我们不妨利用行为心理学的知识，从沟通另一方的行为动作中了解他们的性格，再从他们的性格入手，了解他们在沟通中可能会出现的情况。事实证明，语言同动作双管齐下的沟通往往很有效。

边说边笑：性格开朗，富有人情味

“亲和力”常常成为我们评价一个人的重要标准。而我们往往会对有亲和力的人产生好感。在亲和力的表现中，笑通常会成为重要的评判标准。

有一句话说：“爱笑的人运气都不会差。”心理学研究表明，爱笑的人幸福度越高。

我们在同人沟通中，遇到表情冷漠的人，直觉会跳出来告诉我们除了他不喜欢我，或者他对我说的话不感兴趣之外，还会觉得这个人为人比较冷漠，待人没有亲和力，也不想同他继续交谈下去。

而如果一个人在聊天中边说边笑，我们往往会被他们吸引，即使他们说的话我们不太感兴趣，一般也会耐心地听下去，并不会有太大的反感。

有些人不能接受在沟通中边说边笑的人，除了笑的过度不会使他们清晰表达一个意思之外，还会让他们显得自控力差、有失稳重。但是，行为心理学表明，沟通时，边说边笑的人一般性格都比较开朗，富有人情味，知足常乐，人缘也比较好。所以，在好人缘，待人宽容之下，我们才说这类人的运气不会太差。

我身边有不少这样的人。在聊天中，即使是一个中性、平常的话题，他们在叙述的时候，也喜欢笑，哪怕是打电话，都能听到他们言谈中的笑意。自然，在他们讲笑话的时候，经常会出现自己被自己逗乐，而听的人莫名其妙的情况。他们中的大多数人性格都非常开朗或足够开朗，心态比较阳光，看问题也比较积极，待人宽和，很有人情味。

同这样的人沟通的时候，我的第一感受就是很轻松。因为，他们除了让我觉得他们有亲和力，比较好相处之外，还让我感觉他们很喜欢我，很乐于同我交谈。通常情况下，同这类人交谈，我不会害怕冷场，即使冷场也不觉得尴尬，因为他们会通过笑来将尴尬消除。

一般来说，热情的人希望周围的人对自己也热情，期待从别人身上得到同样的温暖。在同边说边笑的人进行沟通的时候，我们一定要表现得兴趣十足。因为，他们已经为沟通付出了足够的热情，并对我们表现出了友好。如果你对他们说的话一脸冷漠，甚至没有丝毫回应，很有可能会让对方的兴致立马降下去，索然的兴趣感让他们觉得你的热情不够，很没劲，同他们在性格上合不来，没有共同话题，也不乐意同你继续交谈下去。

那怎样才能表现得兴趣十足，或者让对方觉得你值得交谈呢？

最主要的也要用笑回应他们。即使是倾听的状态，也要面含笑容，在恰当的场合点头微笑，或者恰当地插入“然后呢”“后来呢”“真有趣”等来回应他们。

作为上级，遇到边说边笑的下属，要这样回应，不然会很容易让他觉得你不喜欢他，很不利于你同下属感情的拉近；遇到这样的上级，作为下属的你回应也是必需的，因为既然上级对你边说边笑，就在告诉你他并不讨厌你，如果你没有丝毫反应，上级会觉得你不配合，同他没有共同点，再不然就是你对他没有好感；如果在谈判时遇到这样的客户，你就庆幸遇到了好说话的人吧，那么出于礼貌，更不能对他冷漠，在赢得他的好感后再摆出自己的条件和要求，即使最后谈不拢，双方也不会不愉快；在同这样的同事相处的时候，你就放心大胆地同他们沟通，因为他们的开朗会让你觉得同事关系的友好，但仍要记住回应他们，不然再友好的人也经受不住你长期的冷漠。

总之，职场中，同边说边笑的人沟通的时候，相应的回应非常重要，恰当的回应会使得你同这样的人更好的相处，更能在某件事情上达成一致认同。

腿脚抖动：善于思考，凡事从利己出发

我们身边有不少人，一坐下来，就不由自主地抖动自己的腿脚。很多人并没有意识到自己的这个行为。可是，无意识的动作最能看出一个人的真实情况。

不少人表示，他们非常反感说话时腿脚抖动的人。而他们给出的答案无一不是这种人习惯不好，修养不够，太过纵容自己，不考虑他人，自私自利……

行为心理学也表明，在同他人沟通时，喜欢抖动腿脚的人，在为人处世上最明显的表现就是自私，凡事喜欢从利己主义出发，对他人高要求，对自己却比较宽容。但是，研究还表明，这类人善于思考，他们常常会提出一些别人想不到的问题。

我之前有一个同事就是这样。他是一个部门的主管，在同下属沟通的时候，喜欢靠在自己办公室的椅子上，时不时地抖动自己的腿脚，不少下属对他的这个动作非常反感。实际上，对他的为人也不怎么喜欢。因为，他批评人常常是丝毫不留情面，还喜欢当众夸赞自己。不过，他的下属对他有一点肯定的是，他总能在三言两语中提出一些切中要害的问题。在公司管理者会议上，他也总能发表自己独到的见解。

说话时爱抖动腿脚的人喜欢思考，能够从自己的角度权衡利弊，最后做出最有利于自己的选择。那么，我们在同这类人沟通的时候需要谨慎。因为他们很善于思考，也很容易发现你言语背后的真实动机。而为了让谈话走入他们的心中，我们与之沟通时的最好突破口就是从对方的利益出发，表现出事事都在为对方考虑，理由要足够充分，这样对方才觉得你足够真诚，是在为他着想，才更愿意接受你的方案和要求。

李明想从公司的支援部调入一个人进入自己的部门，帮忙这个月投资方案的制订。

这天，李明同支援部的主管张杰峰就此事进行沟通。曾经，李明同张杰峰因为意见不同而出现过争执，两个人不仅谈不上交情，还可以说是对头。最后的沟通能否成功，李明也不确定。

就在李明同张杰峰沟通的时候，他发现张杰峰在谈话时喜欢抖动自己的腿脚，所谓“小动作，大文章”，平时对心理学有所研究的李明大概知道喜欢抖动腿脚的人一般都很善于思考，有些利己主义。

于是，为了沟通成功，李明从张杰峰动作表现入手，说话从对方的利益出发，案子成功了，也是他配合的功劳。并声明只是调入一个月，以后有困难，他也会竭尽全力帮忙。

最后，张杰峰在认真思考之后，同意了李明的要求。

对于爱抖动腿脚的人，我们在留意到对方的这个习惯之后，沟通就要从他们的心理出发，除了提出的话题让他们觉得有意义之外，最主要的是能够满足他们的利益所需。可能你提议的最终受益者是你自己，但是换种说话方式更容易让对方接受。比如，你向老板提出加工资的要求，而老板是一个爱抖动腿脚的人，你提这个要求的时候，就要从公司、老板的角度出发，让他们觉得看起来使他们有所损失的加工资决策最后是有利可图的。还比如，你要求下属加班，而下属是喜欢抖动腿脚的人，为了让他们更容易接受加班的提议，也要从他们的角度出发，最好强调加薪或者升职方面的好处。

抹嘴捏鼻：别人要他做什么，他就可能做什么

行为心理学表明，喜欢抹嘴捏鼻的人缺乏主见，别人要他做什么，他就可能做什么。一般情况下，这类人缺乏自信心，意志不坚定，很容易受到他人的支配，并且还有些自私，喜爱捉弄他人，哗众取宠，并缺乏敢作

敢当的精神。除了会让人觉得对方很好控制之外，还很容易让人觉得他在撒谎。

美剧《Lie to me》（中文名字为“别对我说谎”或“千方百计”）中，莱特曼博士非常擅长通过他人的表情动作鉴别其是否在说谎。一般，人们在说谎的时候会不经意地触摸或者捂住自己的嘴巴，或触碰自己的鼻子。很多时候，我们在同他人交谈的时候看到他很快地碰触自己的嘴巴或者鼻子，很大可能是他在撒谎。而谎言很容易在越说越多中露馅，更容易在别人的说法中推翻自己。

当然，任何事情也有特例，我们在说话时会出现嘴巴或者鼻子发痒的情况，但是经常的碰触只能说明它们是你说话时的习惯，而这个习惯正好透露了你性格上面的弱点。

在我所接触的人当中，有此种习惯的人80%以上都在性格上存在这方面的缺陷。而我也在同他们的接触中摸清了他们的性格，很容易达成同他们的有效沟通。

李浩被老总安排到一家公司谈广告合同的事情。可是，这家公司的秦总在业界是出了名的奇葩，总喜欢为难别人。

在谈合同的时候，秦总笑脸相迎，表现得很友好，大部分的时间都在同李浩说些无关紧要的话。在谈话期间，李浩发现秦总不时会有抹嘴捏鼻的习惯，李浩曾在一本书上看到过这样的人一般很容易受到他人的支配。

在面对秦总嘲讽李浩公司小，没有同他合作的资格时，李浩赶忙说：“正是因为公司小才非常重视同您这样的大公司合作，我们对此也非常期待。您放心，我们的团队虽然不是最优秀的，但却是最努力的。”随后，李浩便打开被秦总扔到一边的企划方案，详细地分析了方案将会给秦总公司带来的好处，并且时不时地强调秦总公司的优势和吸引人的地方，并且用“您觉得呢”“您认为怎样”“您看这样做是不是会更好”的句式引导秦总向着自己的想法出发。

最后，秦总接受了方案。

我们在同他人沟通交流的时候，如果发现对方有习惯性抹嘴捏鼻的动作，可以基本上判断他们想法不坚定，并且有些自私，为了达到有效沟通的效果，可以先从对方的利益入手打开沟通缺口，引出让对方感兴趣的话题，或者先赞同认可他们的观点和看法，然后再适时地推出自己的观点，有理有据，很容易就能将话题引入到有利于自己的方面，因为这类人立场不坚定。我们在进行话题描述或者发表自己的观点之后，巧妙地附带一句“你看如何”“你看是这样吧”“你觉得怎么样”等带有暗示性的话题，通常情况下，他们会说“好像就是如此”“嗯，就是这样”“我也觉得挺好”，这样沟通很容易达到效果。

常常低头：慎重派，讨厌过分激烈、轻浮的事

罗丹的“思想者”雕塑告诉我们爱思考，为人慎重的人喜欢低头、托腮。而张爱玲的小说《倾城之恋》中，白流苏也在告诉我们，低头带来的内敛含蓄的美。

在生活中肯定存在一些走路喜欢低头，和他人谈话喜欢低头的人。这样的人往往会让我们觉得很可靠，很爱思考，正如鲁迅说的那样“俯首甘为孺子牛。”而低头也成就了成功人士谦虚的口碑。

可是，有些人对常常低头的人没有好的印象，觉得他们性格内向，不太爱显露自己。除了将他们的习惯性低头归于谨慎爱思考的行列，还会觉得他们因为过于谨小慎微而缺乏该有的自信。

虽然常常低头的人会给人不够自信的感觉，但是，行为心理学显示，常常低头的人都比较慎重，有责任心，很勤奋，属于自我奋斗型的人物，非常讨厌过分激烈、轻浮的事情。当然，对于常常低头的人来说，他们的谨言慎行也不可能使得他们言论激烈，行为浮夸，而他们在交朋友时也很

慎重，由己推人，比较喜欢接触同自己一样低调谨慎的人。

许莉雅就是这样的人，她在和他人说话时，常常低头，发表言论时也是在低头思考后再说。谨慎的工作风格使得许莉雅很受领导的青睐，下属也觉得她是一位很谦虚的上司。实际上，许莉雅对于过于高调、轻浮的同事没有什么好感，觉得同他们进行交谈是很困难的事情，他们说的话也常常不入耳，为此，许莉雅也尽量避免同这样的人沟通。

公司新来的下属小张很有上进心，性格开朗，对人很热情。这天，部门完成了一个方案，深得老总的认可。为了犒劳大家，许莉雅下班后请下属吃饭。在吃饭期间，小张同许莉雅坐在一起。席间，小张频频向许莉雅敬酒，拍许莉雅的马屁，很是夸张。这让许莉雅很反感，对小张的印象直线下降。

我们在同他人沟通时，如果发现对方常常低头，并对你说的话若有所思，基本上就可以判断出他们有着较为谨慎的性格。那么，接下来我们就要注意自己的言行举止了！在谈论中尽量避免出现激烈的言论，在举止上更不能轻浮。对方可能出于礼貌或者修养而耐心地听你说话，可往往在沟通的结果上并不理想。即使我们的观点得到他们的认同，也尽量避免使用过于激烈的表达方式，因为这样很容易会让他们怀疑你在生活中是不是一个过于偏激的人，进而在印象不好的情况下影响到再次沟通。

下属面对这种慎重的上级，在沟通时就要做到谦虚谨慎，言语动作上更不能夸张，很可能因为上司反感而影响到自己在公司的发展。同样地，如果上级面对爱低头的下属，在放心他们工作的同时，在沟通时要尽量避免言语激烈，以免给下属留下一个不好的印象，难以形成自己的权威。

两手腕交叉：对事情保持着独特的看法

有些人在说话时，总会觉得手无处可放。也有些人会将两手腕交叉在一起，以在谈话中保持一种舒服自然的姿势。

两手腕交叉是很多人在谈话中经常会做的动作。有些人会在坐着的时候将交叉的手腕放在桌子上，或者放在腿上。无论是哪一个动作，都在交谈中让我们觉得这个人有自我保护的意识，反而并不是特别自然。其实，做这样动作的人很有想法，而他们的想法常常带有个人的标签，很独特。

行为心理学研究表明，在聊天时喜欢将两手腕交叉放在一起的人一般多对事情保持着自己独特的看法，正是因为这种独特的想法，常常让人感觉不合群，甚至有些冷漠，实际上这样的人只是稍微有些自我主义而已，同他人相处也比较友好，在相处中很容易吃亏。

刘虞在聊天时喜欢将两手腕交叉在一起。在最初和同事相处的时候，因为不熟悉，刘虞接触的同事并不多。后来，互相熟识之后，大家都说，刚开始觉得刘虞真是位“冰美人”，想法很独特，可为人很冷漠，想同她谈话，都被她的冷漠给吓走了。刘虞也不止一次听到别人对她冷漠的评价，很多人说她交叉手腕的动作给人“拒人于千里之外”的感觉。其实，刘虞是一个慢热型的人，对同事都很友好，遇到自己感兴趣的话题也总是积极地讨论。

我有一个朋友在这方面也具有非常明显的特征。他喜欢两手腕交叉，在他看来，这是他在谈话中最为舒适的方式。他本身就是一个外冷内热的人，想法比较独特，别人也很难使他改变。实际上，在我同他初次接触的时候，他给我的感觉就是有些自我，然后就是很冷漠。可我在同他聊天时，经常会被他独特的想法吸引，也很喜欢同他进行交流。

我们在遇到喜欢两手腕交叉的人的时候，不要因为他们不同于大众的想法，或者偶尔流露出来的自我，而对同他们的沟通形成抵触心理。通常情况下，你越抵触同一个人沟通，就越觉得他难以沟通，最后常常达不到有效沟通的目的。

事实上，两手腕交叉的人并不是真的冷漠，他们也可以很热情。通常

情况下，当你说出让他们感兴趣的话题的时候，他们会很快地融入到同你的沟通中，并能就一个问题发表自己独特的看法。因为有些自我，他们会希望你能认同他们的观点。这个时候，为了获得沟通的好感，不妨认同他们，或者做出能够理解的回应，如果有不一样的看法，放在后面再说。但是，在沟通中要注意，不要试图改变他们，因为一向独特的他们会很反感，最后不仅不容易改变自己的想法，还会对你产生坏的印象，影响到你同他的进一步沟通。

摸弄头发：比较情绪化，常常感到郁闷焦躁

海伦同另一个部门的同事琳达经常会有业务上面的合作，两个人会就某一个项目进行交流。可是，海伦非常抵触同琳达的沟通。因为，琳达是一个非常情绪化的人，心情好的时候，比较好说话，同她沟通起来也比较简单。但是，心情不好的时候，海伦与她很难达成共识。海伦发现，琳达在谈话时喜欢摸弄自己的头发，而海伦在研究相关的职场沟通术时，看到过喜欢摸弄头发的人比较情绪化。但是，海伦觉得琳达属于太过于情绪化的那种，她实在是搞不定，双方发生争执的情况不在少数。

一般地，女性喜欢在沟通中摸弄自己的头发，不少男士在烦躁时也会有这种动作。在职场礼仪中，经常性地摸弄头发是非常不雅的动作，会让人觉得你是一个举止轻浮的人。但是，这个小动作也常常是你情绪的微表情。

行为心理学为“摸弄头发”这个动作在心理学中找到了相对应的性格表现，称在沟通中摸弄头发是一个非常情绪化的动作，常常泄露一个人比较情绪化的性格，有此动作的人常常在工作中受到自我情绪的影响，遇事会感到郁闷焦躁难以排遣，他们对流行非常敏感，对人忽冷忽热。

很多人表示同情绪化的人沟通是非常累人的事情。当他情绪好的时

候，对你会很友好，很热情，你提出的要求怎么都好说。可是，当他的坏情绪袭来的时候，你同他沟通就如同走进了死胡同，怎么样都不通，没准还会成为他坏情绪的发泄对象。

为了在沟通中达到好的效果，我们在同比较喜欢摸弄头发，表现得很情绪化的人沟通的时候，就需要有一定的技巧，不能看到一个人郁闷焦躁就不太想同他交流。

自然，在了解到对方喜欢摸弄自己的头发，比较情绪化的时候，为了让沟通顺利进行，我们需要挑中沟通时机，选择在对方心情好的时候同他们沟通。比如，选择上司心情好的时候同他谈请假、谈加薪肯定要比在他情绪低落或者特别生气的时候谈要好；在请这样的同事帮忙的时候，选择在他情绪比较好的时候进行沟通更有利于最后的成功；同客户签合同谈生意，也是如此。

当同情绪化的人沟通时，尽量不要让他们情绪低落。因为，低落的情绪会让他们顿时失去沟通的兴趣。若将话题引入到让他们感兴趣的领域，他们的情绪会表现的很高昂。可是，很多时候，有些人会在谈话过程中表现得很情绪化，情绪高昂还好，情绪大爆发常常让人吃不消。

这时，我们要做的第一步就是使自己保持冷静。尤其不要像沙袋一样，别人一拳头打过来你也以同样的气力回击过去，这样就不是沟通，而是争吵，是战争。我们要在尝试理解他们的基础上，心平气和地同他们继续沟通下去。同时，要避免对方的坏情绪影响到自己。

可是，很多人会在沟通中受到情绪化的人坏情绪的影响。这个时候，我们在冷静自己的基础上想办法让他的情绪平复下来，让他同你进行正常的沟通，不能推波助澜。当对方情绪冷静下来的时候，再从正面暗示他，避免用批评的词语，因为你很可能会再次点燃他的情绪。

靠着某样物体：冷酷的性格，有责任感和韧性

同别人说话时总会有意无意地靠着墙壁、桌子、椅子，或者倚着门，我们身边肯定有不少人喜欢做这样的动作。

这个动作在大多数情况下都是无意识的，仔细观察有这个动作的人，他们中的大多数性格比较冷酷，在工作中很有责任感和韧性，工作勤奋刻苦，属于奋斗型的人物。

一般来说，冷酷的人不太好相处。他们做事认真，苛责以求，赏罚分明，给人感觉很冷漠，也不懂得圆滑。比起宽和的人，有此行为习惯并表现出这种性格的人并不太受他人的欢迎。在职场中，高层领导多为这样的性格，行事风格也较为霸道。但是，不一定高层领导说话都喜欢靠着某样物体。

我们在同他人沟通时，若发现他们有此动作，会觉得他们有些傲慢，但是不要畏惧于他们冷酷的性格，在清楚他们性格心理的基础上进行沟通。

通常情况下，这样的人比较自信，所以，在同这类人沟通的时候要有充分的自信。

如果上司说话时有这样的习惯，一般可以判断这样的领导是力量型的人物。在沟通工作时，我们就要说重点，讲究效率，并且注重工作的结果。当然，面对这样的领导不能畏首畏尾，不然会让领导觉得你没有魄力，责任心不足，难当重任。

面对这样的客户，我们要礼貌谨慎，言语要干净利落，不然会让客户觉得你底气不足，也会怀疑你所在公司的能力。

对待这样的同事，我们更要自信，因为大家都处于同样的地位，实在没有什么好畏惧的。

领导和这样的下属沟通任务的时候，要简明扼要，讲明权责，并且不要对他们的工作过多地干涉，因为这样的员工有较强的责任心，且比较独立，不喜欢被人干涉。

在具体的沟通过程中，我们要充分尊重有这样性格的人，尊重他们的工作方式和时间安排。用一种比较理性、正经的态度同他们进行沟通。同时，我们说话的时候要真诚、直截了当。如果可以的话，在谈话中适当地表现出幽默感，放松他们的情绪，让他们觉得你比较好相处。但是，开玩笑要把握一个度，不能太过。

同时，在他们说话的时候，我们要认真倾听，尽量满足他们的表达，千万不可随意地打断他们说话，因为原则性会让他们很反感被人打断。如果你比较赞成他的观点，就要表达出来。若想发表不一样的看法，就要在他们表达完毕之后再进行，并要言之有理，不然很难让他信服，更不要强迫对方接受你的观点。一般来说，只要他们观点没有错，或者你的理由不充分，他们就不会改变。

到处张望：具有社交性格的乐天派，有顺应性

林宥非常讨厌与同事李夏交谈。非常注重礼仪的林宥特别反感在交谈中不认真、到处东张西望的人，而李夏正是这样的人。很多时候，李夏会主动问林宥问题，可是当林宥同她交谈的时候，李夏却表现得非常不认真，总是东看看西望望，让林宥反感极了。

有的人在同他人交谈的时候，喜欢到处张望，表现得很是漫不经心，很让沟通的另一方恼火。

一般地，喜欢到处张望的人，在社交性格上属于乐天派，他们有顺应性，对什么事情都感兴趣，对人有着明显的好恶感。

同边说边笑的人一样，这类人的性格较为开朗，对人比较热情。同他

们沟通的时候，会感到比较轻松，话题也比较多。

同这类人在具体的沟通过程中，我们要把握分寸，尽量用一种轻松愉快的方式同他们交谈，谈论一些比较有趣，能够吸引他们注意的话题，而这往往是建立彼此好感的第一步。

由于这类人在沟通中喜欢东张西望，很容易让人产生误解。为了沟通有效进行，我们不要表现出反感，要理解他们，并不是因为他们不愿同你交谈，而是他们的性格所致。

如果是在同他沟通一件非常重要的事情，对方的东张西望可能会使他错过重要的信息，这个时候，不妨委婉地提醒他。不过，记住不要用过于强硬的语言。

当他们表述的时候，我们要认真倾听，在倾听的过程中要表现出一定的兴趣，吸引对方将话题继续下去。如果他们的话有些不对，或者不切合实际，出于礼貌，我们也不要立马打断。因为这类人对人有明显的好恶感，很有可能在你没有礼貌的打断并反对的过程中，对你不再有好印象，同时会很明显地表现出不愿同你继续交谈。待他们表达完之后，用建议的方式同他们进行沟通。这个时候，我们要避免高姿态地告诉他们这样不对或者不好。有时候，面对不同的意见，这类人最初可能会有些排斥，也可能会当即表现出这种排斥感，我们要做的就是给他们足够的时间思考。一般情况下，在他们思考之后，并确定自己不对的情况下，会接受你的意见。

如果你同这类人的关系很熟，在工作中是好伙伴，在与他们沟通中，对于他们出现的问题，可以适时地提醒他们，面对面地同他们讲清楚，他们会更容易接受。

如果你的上司是具有这种社交性格的人，在与其沟通的时候，要表现得很健谈，尽可能多地了解他们的喜恶与爱好，找到彼此的共同之处会很容易帮助你拉近同领导的距离。

同这样的下属沟通的时候，不能用领导的架子压着他们。通常情况下，他们并不会顾忌太多职场中职位高低的限制，在他们对你或你的话题感兴趣的时候很容易会把你当作朋友交谈。为了拉近同下属的关系，可走“亲民路线”，不妨与同团队中有此表现的下属多沟通。

第四节　你必须知道的7个职场心理沟通原则

张晓萌性格大大咧咧，平时说话不怎么注意。

最近，张晓萌发现平时关系不错的张帆明显地看不惯她，说话夹枪带棒的，很不舒服。

同事刘微问张晓萌，是不是得罪张帆了。

张晓萌想了半天才想起来，一次她与其他人开张帆的玩笑，张帆好像不高兴。

刘微很无奈，对张晓萌说：“职场沟通是要讲究原则的，不然很容易吃大亏。”

职场是一个很复杂的地方，一个不小心就可能得罪人，影响到自己职场的发展。

作为职场人士，为了创造良好的职场人际关系，一定要懂得7个职场心理沟通的原则。

坦白说出你内心的感受和想法

森威是部门领导，在月度总结会议上，老总就森威部门上个月的低业绩当众进行了批评。森威面子上挂不住，觉得挺委屈，上个月没有完成计划并不是因为部门不努力，而是老总制订的计划不符合部门的实际，大过

于空洞。当时，森威想和老总说清楚，但是因为老总向来只关注结果，森威也不想让老总觉得自己能力有问题，也就没有坦白。

不少人觉得职场是一个小战场，身处其中的每一个人都戴着一个面具，面具掩盖了真实的自己。我们不止一次听到有关职场的腹黑、办公室斗争、交不到朋友等种种社交论断。在职场中，不少人觉得对你笑的人，并不一定就喜欢你；对你好言好语的人，并不是真的为你好；喜欢同你聊八卦的人，并不一定把你当成了闺蜜。职场中，大家学会了掩饰，坦白似乎成了职场沟通中最为缺少的。

如果你这样认为，那就真的错了。

研究表明，职场中，双方的自我表露非常重要，不喜欢表露自己的人，很难同别人建立深厚的关系。如果你不能对他人坦白，不敢表达自己的真实想法和感受，很容易在同他人的沟通中觉得委屈和无力，也不利于团队工作的完成和自我的发展。

在职场沟通中，我们要坦白地说出自己内心的感受、想法、顾虑和问题。因为，职场是工作也是社交，坦白非常重要。

我有一个朋友在与同事聊天的时候，对方向他描述了自己的工作方案。我的这个朋友明显地感觉到他的方案过于空洞，可行性并不高。

在耐心地听对方说完之后，朋友很委婉地向他说出了自己的想法。

在起初听到“不切实际”的描述之后，对方显得有些尴尬，不自然。为了不让对方觉得自己的无理，朋友具体地提出了自己对这个方案的几点建议。

最后，在用心地考虑之下，对方觉得朋友说得有理，很坦然地接受了朋友的意见，并邀请朋友同他一起对方案进行修改。后来，两个人经常进行工作上的沟通，关系相处得很好。

如果我的这个朋友掩饰他的想法，一味地说“好，很好”，对方在沾沾自喜的时候，会觉得朋友有些虚伪。而朋友坦白自己的感受，并用较为委婉的方式进行表达，在消除了对方尴尬的同时，感受到朋友的真诚与热心，很容易在职场中建立友谊。

所以，不要觉得职场是步步惊心，处处小心，不能坦白言之的地方。很多时候，坦白更能解决问题。

如果同事请求你帮一个忙，但这个忙会影响到你自己的工作进度。你欣然答应的结果可能就是帮了同事，完不成自己分内的工作，在老板那儿失了信；或者完成了自己的工作，同事的忙没帮成或者帮得不够好，在同事这儿失信。这两个结果都不好。这个时候，你就告知对方，你的工作很多，帮不了他。而如果你能在后面给他提供切实可行的方案和意见，很容易让对方觉得你真诚、热心。

所以，职场沟通中的坦白没有什么不好。好的给予赞美，不好的委婉地提出意见。我们在理解他人的基础上，坦言自己的想法，更容易得到他人的理解与尊重，更有利于工作任务的完成。

不批评、不责备、不抱怨、不攻击、不说教

露西被下属称为“女王”，除了因为她精致的穿着打扮，每天 10 厘米的高跟鞋敲打在办公区域的脆响，还有就是她周身散发的强大气场。工作中的她凌厉，做事讲求效率、完美，深受老总的青睐。

可是，露西同下属的关系并不好，下属们像是匍匐在女王陛下权威之下的奴隶，凡是被她叫进办公室的人出来之后都可以用“面如死灰”四个字来形容。

老总告诉露西，要多同下属沟通，多些宽容，少些责骂。可是，很多情况下，露西的沟通是这样的：

“海伦，你这件衣服穿得不错，挺有品位的。以后就这样穿，不要像之前那样，一点白领丽人的气质都没有。”

“杰克，年假回来状态就是不一样，正好我手头有一个重要的客户，由你跟进，盯紧点，出了问题由你全权负责！”

“罗杰，你的报告到底怎么回事，这里，这里，还有这里，全都不对。我都不知道你是怎么工作的。拿回去重做！”

俗话说“祸从口出，病从口入”，说话不讨喜的人很多，沟通不当导致关系恶劣的情况常常在职场中上演。很多在职场中摸爬滚打的人都曾受到过来自同事上级的指责说教和抱怨。没有人会喜欢在沟通中接受来自对方的批评、指责、抱怨、攻击和说教的。

所谓的批评、责备、抱怨、攻击、说教等都会让你的职场之路举步维艰。无论你是在同谁沟通，这些都在向对方传达着一种负面情绪，很容易让他人感觉你是一个充满负面情绪的人。

在职场沟通中，我们坦白说出自己内心感受的同时，更要坚持不批评、不责备、不抱怨、不攻击、不说教的原则，“五不原则”之下的沟通才更加有效。

作为领导，在同下属沟通的时候，要有肯定和赞美，不要一味地否定下属的工作，要委婉地告诉他们。批评、责备、说教并不能带给下属真正的成长，除了让下属觉得你在摆架子之外，更多的感觉是你不尊重他。

在同领导沟通的时候更是不能如此，没有领导会喜欢负面情绪一大堆的下属，他们更在意的是你工作的实际效果。

同时，在与同事沟通的时候，更不应该对一个人或者一件事情妄言，随意地批评或者指责，很容易让他们怀疑你的人品，即使你说的很对，他们在接受的同时，也会对你形成评价。

我之前有一位同事，他在同他人沟通的时候，从来不抱怨或者攻击一个人，也不会对同事或者下属随意地进行批评和指责。在下属工作出现问题同他交流沟通的时候，他也是在肯定对方努力的基础上，提出相关的建议。他的宽容、谦虚和磊落受到很多人的赞赏。

以宽容、平和、谦虚的心态同他人沟通，不批评、不责备、不抱怨、不攻击、不说教，这是同人相处的准则，也是职场人士在职场中应该坚持的沟通原则。

尊重他，并要求他尊重你

张蔓的部门在这个月拿下了一个非常重要的客户。为了表示奖励，公司决定组织他们去张家界旅游。可是，旅游超出了公司的预算。出于考虑，公司领导决定给10个名额。可张蔓的部门有12个人，必须要有2个人放弃这次旅游。

为了让大家都能参加，张蔓到领导那里进行沟通。

“许总，我们部门有12个人，如果只让10个人参加旅游，剩下的2个人会有意见。您看，能不能多增加2个名额，让大家都放松放松。”

靠在椅子上的许总说：“你们投票就可以了，公司组织旅游的机会多，这次没有参加的人，下次还有机会嘛！”

张蔓说：“可是我们这次签单成功每个人都有功劳，再说，这也不好投票。”

许总不悦地抬头说：“小张，你也太不会办事了。这点小事儿也要来麻烦我吗？自己想办法，你要真不好选，干脆你让出一个名额算了。”

张蔓一听没有说话，立刻走出了总经理办公室。

现代职场非常注重礼仪，也强调人与人之间的相互尊重，它是联络彼此之间感情，达成共识的基础。

在职场中，有些人可能因为资历、职位、成就的不同，在同他人的沟通中忽略了尊重的前提。而那些不善于同别人沟通的人，在沟通中会小心翼翼，非常受不了他人对自己的不尊重。

作为职场人士，在沟通中要充分地尊重对方，多留意对方，多从对方

的感受出发。无论对方是上级，还是下级，或是平级的同事，都要礼貌相待，尊重他人的人格，不出言不逊、口无遮拦，尊重他人的工作方式和工作理念，尊重他人的劳动成果，不将自己的意志强加到他人身上。在说话时，注意自己说话的语气和表达方式，避免过于咄咄逼人的气势，更不能用趾高气扬的态度对待他人。在沟通中遇到观点不一致的时候，要委婉表达，不能强迫对方接受自己的观点，不要自以为是，急躁任性。

作为上级，在同下属沟通的时候，要尊重他们，尊重他们的工作习惯、工作成果，给予他们更多的认可和鼓励，在理解尊重他们的基础上同他们沟通交流。如果下属在工作中出现问题，作为领导，也不应该全是责难，要在肯定下属努力的基础上，指出他们需要改进的地方，并且鼓励他们不断进步。

作为下属，要理解和尊重上级。在谦虚、平和的心态之下同上级进行沟通，尊重上级的每一个决策。在提出不一样看法的时候，表达要谦虚、委婉，不让上级感到难堪。

在与同事沟通的时候，要尊重对方，态度谦和真诚，照顾他人的感受，避免因为傲慢、不尊重而在团队中受到孤立。

尊重是相互的，只有相互尊重，沟通才能有效进行。为此，我们要坦白自己的感受，要礼貌地要求对方尊重我们。当然，也要避免让对方难堪，巧妙地表达自己的不悦，这样才更容易受到对方的尊重。

任何情况下，绝不口出恶言

苏东坡同好友佛印一同打坐参禅。

苏东坡问佛印：“你看我像什么？”

佛印笑着说：“我看你像一尊佛。”

苏东坡听后哈哈大笑，对佛印说：“我看你坐在那里像一摊牛粪。”

面对苏东坡的恶言，佛印并没有什么不悦，而是淡淡回道："佛由心生。心中有佛，所见万物皆是佛，心中是牛粪，所见皆化为牛粪。"

听到佛印这样说，苏东坡有些惭愧，什么都没有说。

这是名人之间无伤大雅的小趣事。然而，职场中，我们在同他人沟通的时候，无论在什么情况下，绝对不能口出恶言。

恶言会降低一个人的素质与修养。正如任何一个听到苏东坡同佛印这段对话的人，都会在心里觉得"苏东坡怎么这样辱骂他人"一样，当你在沟通过程中，对一个人口出恶言的时候，对方也会在心里想着"你怎么能这样""你怎么是这样一个没有素质的人"。

恶言不仅不好听，还会重伤他人，在逞一时之快中毁坏了自己的形象，很容易会毁坏彼此之间的沟通，导致沟通无法有效进行。

同事小赵向主管罗生请教方案中的一个问题。罗生放下手头的工作，从小赵手里接过方案看了一下，为小赵认真解答起来。

随后，小赵就其中的会场布置问罗生，罗生非常不耐烦地说："我刚才已经和你说了，你是猪脑子吗?"听到这话，小赵说了一句："明白了。"就走出了主管办公室。

从这以后，小赵尽量避免同罗生的接触，对于他指示的问题尽量做到，再也不同他沟通交流了。

作为领导，可能因为下属不理解一个方案，或者事情做得不尽如人意而恼火。这个时候，一定要在沟通中控制自己的情绪，不要对下属口出恶言。否则很容易导致上下级关系的破裂。如果对方以恶言相还，彼此之间还会弄得非常尴尬，不利于自己权威的树立。

而作为下属，在遭到领导恶语相向的时候，可以表现得很生气，也可以用言语或动作提醒对方你的不悦，并要求对方尊重自己。但是，依然要记住不要以同样的恶言回应。这样做很容易会使双方之间的关系无法挽回，影响到再次沟通的进行。

在两人沟通交流的时候，如果遇到意见相左的情况，尽量求同存异，在双方达成共识的基础上做出妥协，一定不要强迫对方接受自己的观点和意见，更不能在对方拒绝之后口出恶言。

有一句话说“良言一句三冬暖，恶语伤人六月寒”，还有一句话说“以人善言，暖于布帛；伤人以言，深于矛戟”。这并不夸张，一句伤害别人的话会给对方带来很大的影响，更重要的是会影响到彼此之间的友好关系，尤其是在关系脆弱的职场。

不该说的话绝对不能说

程峰正对新来的投资总监李洋颇有意见。在他看来，这位新来的领导自恃清高，能力却一般，刚刚就在他的手上丢了一个案子，让他们组很丢人。在公司会议上，总裁干脆直接将一个项目给了另外一位投资总监刘总，让新来的这位投资总监扑了个空。

会议结束后，程峰正和同事林锐说：“看来，我们这个组岌岌可危了。你看，跟着刘总多风光，案子是一个接一个，聚餐庆功宴不断。我看我还是转组得了。”程峰正话刚说完，李洋就从他和林锐中间走了过去，很显然刚才的话被他听得一清二楚了。

程峰正当时就在心里后悔，说了不该说的话！

我们经常说“言论自由”。但是，职场并不是一个让人们畅所欲言的地方。职场人际关系的复杂，需要我们说话谨慎小心，知道哪些话可以说，哪些话是绝对不能说的。

对于不可说的话，绝对不能说，说了就犯了职场的大忌。所谓“说者无心，听者有意”，你不知道你的哪一句话会让沟通无法进行，破坏了与同事之间的关系。所谓“祸从口出”，我们往往要为自己说了不该说的话负责任，这个代价很可能会是你的职场前途。

现在，我们来看一下，哪些话是绝对不可说的。

1. 有关他人是非的话

有人的地方就有是非，流言飞语可以杀死人。当我们同别人交谈的时候，要避免议论他人的是非。

虽然职场是非多，但是，没有人会喜欢搬弄是非的人。而在职场中，搬弄是非是一个大忌，谁都不会喜欢同爱搬弄是非的人打交道，无论是你的领导，还是你的下属，或是同你平级的同事。在他们看来，你今天搬弄别人的是非，转身就有可能搬弄他们的是非。

如果当事人不在场，是非更不要说，不然就是背地说坏话，很为人不齿。并且，流言会走，在你议论他人是非的时候，显得你人品低劣的同时，传入当事人的耳中也不利于你职场人际关系的相处。如果你议论是非的对象是你的领导，又不幸被他听到了，更不幸的是这位领导有些小心眼，那你的职场生涯真的很危险。

2. 气话、怨话、推卸责任的话、风凉话

工作失败或者受到委屈的时候，我们不可说气话和怨话、推卸责任的话，尤其不要在领导面前说。这样会让领导觉得你没有责任心，不成熟。领导喜欢有能力的下属，也喜欢努力有责任心的下属，讨厌一出问题就说“责任不在我”“我也不知道为什么会出现这种情况”“这太难了”的下属。

同时，在同事或者领导受挫的时候，即使我们不去安慰，也不可以说风凉话。这样会显得你没有同情心，小人心理。

3. 随意许诺的话

不经认真思考，就轻易答应他人的话也要避免说出口。不然，很容易

会失信于他人，让他人觉得你很虚伪与不可信。在领导面前尤其要如此，因为你的随意许诺，会让你失信的同时，也显得你为人的自负和无能力。

4. 私人话题

生活、薪酬等比较私人的话题不要说。

你的私生活或许别人没兴趣，即使有兴趣知道，让别人知道太多也不好，比如薪资。即使岗位相同，薪资也有可能不一样，对于这个敏感话题，还是不要谈论的好，不然会显示出老板的不公平。

对于他人的私生活你更加没权过问，别人说，你想听则听，不想听可以委婉拒绝。但是不要传播，否则就是搬弄是非。

总之，在职场沟通中，为了良好的人际关系，我们要懂得“沉默是金”，在该沉默的地方沉默，然后沉默出自我的修养与能力。

善于询问与倾听

西蒙约客户谈合同。在简单介绍自己之后，西蒙就把方案递到客户的手中，然后就方案内容详细介绍给客户听。

客户一直在微笑点头，可就在西蒙觉得没问题的时候，客户说了句“我感觉不太合适，以后再合作”而中断了同西蒙的继续交谈。

很多人在职场沟通中常会犯西蒙这样的错误。

有些上司在同下属沟通工作的时候，只是指示下属去做，没有询问下属的意见和看法，更没有认真倾听下属的心声。

有些下属同上司沟通的时候，因为急切地想抓住机会表达自己的需求，而没有倾听上司的表达，以至于在兴趣爱好和工作理念上同上司越走越远。

有些人想和同事交流感情，以建立良好的人际关系，却在沟通中没有倾听和询问对方的需求，最后关系依然不冷不热，丝毫没有拉近。

沟通中缺乏询问和倾听很不利于职场人际关系的建立。无论你身处什么位置，沟通中的询问和倾听是必不可少的，只有学着询问和倾听，才能了解对方的需求，然后顺着对方的需求点和兴趣点出发，将沟通进行下去。

我们都有这样的感受，非常害怕在较为正式的会议或者庆典上听领导讲话，因为这种冗长而又枯燥的内容让我们昏昏欲睡。其实，这是没有询问和倾听的原因。因此，在具体的沟通中，我们要善于倾听和询问，而倾听和询问也是形成自己判断和做出决策的第一步。

有的人在沟通时可能会出现退缩的情况，要么是默不作声，要么是欲言又止，显得有些尴尬。这个时候，为了知道对方的真正想法和感受，我们需要询问对方，可以说“最近感觉怎么样”“你是不是有什么事情”“你需要帮忙吗”等。这样做的主要目是让对方放松下来，表达自己的真实想法。而你的积极主动会让对方感受到热情和尊重，从而对你心生好感，愿意同你沟通。作为领导，为了了解下属的真实想法，就可以采取这种主动询问的方式，同下属拉近关系。当领导表达自己想法的时候，我们要做的就是认真倾听。

虽然没有人喜欢把自己的内心世界完全展露给别人看，但是也没有人喜欢将自己完全封闭起来，不把自己的意愿、想法、规划用语言表达出来。既然我们满足了自己的表达欲望，也应该做到认真倾听别人的谈话。

在倾听的过程中，我们要做到认真，心无旁骛，这样才能听出重点，才能在对方自由的语言中了解这个人，抓住这个人的兴趣点。并且，要做到不随意打断他人的讲话。也许会出现这种情况，在对方表达一个观点或者叙述一件事情的时候，很想发表自己的观点和看法。为了避免这种不礼貌的行为，我们要控制住自己，待对方表达完毕之后，再发表自己的言论。

同时，我们在倾听的时候，可以用一些身体语言，如微笑、点头，或者直接询问对方“然后呢”“后来呢”等，向对方暗示你很感兴趣，你在认真听，鼓励对方将话题进行下去。

在倾听的过程中，为了确信自己没有听错，抓住了重点，可以在对方表达完之后简单地询问对方。

总之，作为职场人士，要在沟通中善于询问和倾听，这样才有利于你形成正确的判断和决策。

情绪中不要沟通，更不要做决定

储时磊同潘小骅因为一个客户在会议上争执起来。老总协调二人，方将两人的情绪稍稍平复了一点。最后，老总决定，这个客户两个人一起跟，用老总的话说就是“兄弟同心，其利断金”，合作将更有利于工作的完成。

会议结束后，潘小骅到储时磊的办公室就工作方案同他进行沟通。可是，刚刚有过争执的两个人还在气头上，彼此看对方都没有好脸色。

后来，两个人又因为意见不统一而争执了起来，双方气得是脸红脖子粗，最终方案没谈成，不欢而散。

职场中，因为工作压力大，不少人会在工作中带着情绪，而坏情绪并不容易排遣，常常使得人们在同他人沟通的时候，也带着情绪上场。

职场沟通的目的是达成共识，增进彼此之间的感情，以促进工作的完成。有效的沟通需要我们在一个和谐友好的环境中进行，而带着情绪的沟通往往无法营造出和谐的聊天氛围，更不利于沟通的成功。

事实上，带着情绪去找他人沟通，无非是宣泄，这个时候倾诉的内容也多是牢骚、抱怨和攻击，这种负面情绪很容易给沟通的另一方造成影响，而没有什么实质性的意义。即使你在情绪中同他人沟通事情，别人记住的也只是你苦大仇深的样子。

情绪会影响到我们的语速和表情。也许你的情绪并不是因为沟通的另一方挑起的，但是你的表现会让他产生误会。由于情绪会传染，你的快乐开心会传染给其他人，同样地，你的痛苦、不悦和苦闷也会传染给同你沟通的人。比如，你心情不好，皱着眉头同下属沟通工作，下属会在心里想："是不是我工作不好，惹上司生气了?"最后的结果很可能就是，下属一直纠结于自己的不好，以至于错过了你说话的重点。当你询问他，而他又回答得不清楚时，会让你的情绪更差，进而在差情绪的影响之下批评了这位员工。就这样，员工当了替罪羊，确信了自己的猜测，心情也跟着恶劣起来，而如果他带着情绪与另外的同事沟通，同事会觉得他在摆脸色，心生看法。

如果你对沟通的一方有情绪，沟通更是不必要的行为，很容易让两个人发生争执，影响彼此之间的关系。

带着情绪沟通不仅会影响对方的情绪，还会冲昏我们的头脑，让我们失去理智，从而做出有欠考虑、非常冲动的决策，让冷静后的我们后悔不已。

魏徵是唐太宗时期有名的谏臣，古有皇帝不杀谏臣的说法。可是，魏徵常常会在朝堂之上同唐太宗争执，把唐太宗弄得下不来台。因此，唐太宗对他是"恨之入骨"，多次扬言要杀了他。为了不让唐太宗在情绪中做出使自己后悔的举动，长孙皇后总会上前劝阻唐太宗。

唐太宗应该庆幸有这样一位贤后，在自己失去理智要做出错误决定的时候劝阻自己。

在现实生活中，我们会看到夫妻两人带着情绪沟通，本意是想共同让步的，最后却吵得不可开交，说了不少伤害彼此的话，有的甚至做出离婚的决定，待冷静下来，常常会后悔自己的决定。可是，木已成舟，后悔也来不及了。

所以，在沟通的时候，我们要控制自己的情绪。如果有情绪，为了避免影响他人，做出错误的决定，就不要沟通。喝杯水，或者出去走走，待到情绪平复下来，再想沟通的事情。

第二章

上行沟通：主动+赞美

现代职场，上下级关系很重要，同上司关系相处得好将更有利于自己未来职业的发展。不过，在不少人看来，上下级的关系就如同猫和老鼠。对于身为老鼠的下属来说，上司这只猫是得罪不得的，同上司相处很难，得到上司的赏识更是不容易。其实，得到上司的赏识并不一定非要有较强的工作能力，沟通同样重要。

可是，不少人表示，因为职位悬殊带来的压力，同上司沟通也成了难事。其实，同上司沟通只要掌握好诀窍，巧妙地运用主动和赞美的策略，就能很容易地得到上司的赏识，让自己的职场之路更顺畅。

第一节 所有上司都喜欢“良言”，但要说对

有的人人认为拍马屁就是说好话，领导喜欢听这种“良言”，其实不一定是这样。

倪郝喜欢拍老板马屁，动不动就是“老板英明”“按老板说的办”，办公室里到处充满了倪郝对老板的崇拜敬仰之情，让同事受不了。

这天，老板将倪郝叫到办公室。还以为有什么好事的倪郝刚到办公室就被老板严肃地批评了一顿，让他把心放在工作上，不要动不动就拍马屁。

相信很多人都会遇到这种情况，拍上司马屁，上司并不领情，表现得很不喜欢。

其实，人人都有虚荣心，上司更需要被赞美。任何一个上司都不会讨厌马屁精，会拍马屁的人总能得到上司的赏识，关键是能不能拍对。

马屁拍对了是赞美，拍得不对，就是谄媚。上司讨厌的是趋炎附势的人，喜欢的是会赞美的员工。

本节中，我们将重点告诉大家如何拍对上司的马屁，成为让上司赏识的下属。

“良言”要以事实为依据

有些人认为所有领导都喜欢“良言”，所以尽兴发挥拍马屁的本领。

张晋在电梯内遇到女上司李总，平时就喜欢拍马屁的他这一次同样没有放过在领导面前溜须拍马的机会。

“李总，您今天穿这件衣服真好看，真不愧是天生的衣服架子！”

李总听后眉头一皱，有些不高兴。因为她的身材并不好，并不是什么衣服架子，每一次买衣服都要挑很久，今早称体重还发现自己又重了，正在为减肥的事情发愁呢！

我们在看周星驰的电影《鹿鼎记》的时候，有一个大臣会这样拍韦小宝的马屁：“大人，我对您的敬仰之情犹如滔滔江水，连绵不绝。”这个马屁拍得很夸张，让不少人听后发笑，称那个大臣为“马屁精”，可被拍的韦小宝也是“马屁精”，听了并没有觉得有什么不妥。

当然，在现实生活中，我们不可这样拍，太失真了，一听就是假的，没有领导会喜欢如此夸张做作的下属。

后秦有一位君主，嗜血成性。一次，他问一位大臣：“民间的百姓是怎么议论我的?”这位大臣回答说：“老百姓都在歌颂陛下，歌颂太平呢。”这位君主颇有些自知之明，听后非常生气，说大臣是在阿谀奉承，最后将其拉出去斩了。

上司都喜欢马屁精，但是拍马屁要以事实为依据，在原来的基础上进行润色加工，这样拍出来的马屁才不会失真，听起来才妥帖自然，让领导比较开心，觉得你深得他意。

有一个笑话说，从前有一个人非常擅长拍高官的马屁。阎王听后，便要小鬼拿他。

正要将其下油锅的时候，这个人“扑通”一声跪在地上，声泪俱下地对阎王说：“阎王老爷，并不是我愿意拍马屁，而是那些人喜欢听我奉承。如果他们能像您这样铁面无私，这马屁任我怎么拍也没有用啊！”阎王听他这样说，很开心，便让小鬼又将他送回了阳间。

这个笑话里的人拍的马屁就是以事实为依据。事实上，阎王也喜欢听人拍马屁。于是，这个人抓住了阎王的心理，看似是申诉自己无罪，其实是在拍马屁。而阎王确实是铁面无私、执法如山，这也是阎王比较得意的地方。自然，这个以事实为依据的马屁很中阎王的意，阎王听后没觉得有什么不妥的。

在这里我们需要明确，马屁应该是言语上面的欣赏，不应该是一味地夸大奉承。在职场沟通中，拉近同上司之间的关系也许就是你一句赞赏上司的话。

我们在同上司沟通的时候，如果要拍上司马屁，不能随意说，要说看得见的事实。上司穿了新衣服，新做了头发，你可以夸赞好看、有特色；上司带领团队取得了业绩上的突破，你可以夸赞他英明、能力强，但要说得自然，不能夸大其词，并恰当地表达自己的收获与体会，这样才不会被上司认为你是在奉承他，而觉得你是在赞美他，把他当作学习的对象。

随时留意上司的心情

托尼在食堂碰见上司魏经理，立马走上去说："经理，您真英明！这次的方案做得简直是太棒了，要不是有您的指导，我们还想不到这样好的方案呢！"

魏经理面无表情，言辞冷冷地说："这方案好吗？"

托尼直点头，一个劲儿地说："好啊，好啊，您领导制作的方案一向是无可挑剔的。"

魏经理冷哼了一声，说："无可挑剔？最后还不一定通过呢！"

托尼继续笑嘻嘻地说："怎么可能，您的方案怎么可能通不过！"

魏经理撇了一下嘴，不耐烦地说："好了好了，不要拍马屁了，赶紧吃完回去工作。"

托尼这才看出魏经理心情不好，心想自己刚才的那些马屁是拍到马蹄子上了！

我们在拍上司马屁时，以事实为依据是一方面，同时还要留意上司心情的变化。我们都有这样的感受，即使是同样的一句话，心情好听得是如沐春风，心情差听得则是奚落。

很多时候，我们在心情不好的时候，即使是听到赞赏的话也没有多大的感觉，对于下属的马屁不仅不会喜欢，还会觉得不耐烦。因此，作为下属，要时刻留意上司心情的变化，捕捉上司的心情才能拍出更好的马屁。

遇到上司心情不好，面露难色的时候，我们就要收起过于奉承的话，不妨多关心一下上司，问一句“我看您脸色不太好，没休息好吗”，这样会很容易拉近同领导的距离。如果上司愿意同我们分享，那就可以抓住机会在言语上安慰他，如果有能力的话，也可以为领导排忧解难。在这里，排忧解难是一种更有效的拍马屁，更容易让领导觉得我们是站在他的角度考虑，从而得到他的信任。

如果遇到上司心情好，则可以适时地开些玩笑，把握时机夸赞两句，让上司听到后心里喜滋滋的，对你有好的印象。比如，如果上司夸赞方案不错，我们就要谦虚，并不动声色地将功劳引到上司的头上。

清朝的和珅是有名的“马屁精”，但他的马屁常常让乾隆龙颜大悦。而和珅本人很会察言观色，懂得把握乾隆的心理，能够及时地捕捉乾隆的开心与不快，在掌握乾隆心理的基础上溜须拍马。

乾隆是个孝子，太后驾崩之后，一直很悲痛。其他的大臣多是安慰乾隆说，皇上不要过于悲伤难过，要多保重龙体才是天下子民之福。对于这种奉承的话乾隆早就听腻了，根本起不到效果。可和珅就不一样，他站在一旁，陪着乾隆默默地掉眼泪，整个人表现的同乾隆一样，茶不思，饭不想的。几天后，和珅也因为悲伤过度变得很消瘦，从而赢得了乾隆的信任。

在职场中，职场中人不妨学学和珅，多留意上司的心情，依据上司心情的变化“拍马屁”。这样的员工是体贴型的员工，更能得到领导的信任与认可。如果在体贴的基础上有一定的能力，领导会更加喜欢。

任何情况下，称呼上司的职位

现代职场，对上司的称呼很重要。有欧美投资背景的外企，喜欢员工

之间互相称呼自己的英文名字，即使总裁也是如此。称名道姓在一定程度上可以在紧张的职场中创造轻松的工作氛围。

然而，中国社会素来强调礼仪和权力。在人与人的相处中，称呼也被我们放在了第一位，对他人的尊称，自我的谦称，可以很好地看出你是否知礼、讲礼。

在拍上司马屁的时候，切不可忽略上司的职位。其实，即使不拍上司马屁，也要知道，任何情况下，都要称呼上司的职位。

李菲儿性格大大咧咧，爱与同事开玩笑。上司张总性格比较温和，同下属的关系不错。

公司聚餐，大家去 KTV 唱歌，张总唱了一曲《月亮代表我的心》，深情绵长，赢得了满堂彩。

曲毕，李菲儿大声地说："真好听！老张，没想到你管理公司有一套，唱歌也有一套，真是全才人物啊！"大家听后都笑。

张总听了，也勉强地笑了笑，可是，脸上分明有些不高兴。

称呼上司的职位，是中国职场同上司相处的潜规则，即使你的上司温和、待人宽容，在沟通中也要称呼上司的职位。

职位代表的是权力、能力和资历，称呼领导的职位，是在肯定他们的基础上，把他们放在了不同于其他人的地位上。而在拍上司马屁的时候，职位更加不可少，称呼上司的职位，显得你比较尊重他，时刻都在心里对他的工作、能力和地位表示认可。而直呼其名，或者用"老张""老王"称呼上司，显得非常不尊重对方。如果遇到特别强调等级的领导，他会很在意，即使后面你奉承的话说得再好听，他也不一定会接受。

马屁可以在称呼上司职位方面下功夫。这种马屁更加高明，更容易得到上司的信任。

我的一个朋友在一家大型的民企工作。一次，他同公司的副总参加一个投行会议。一位客户同朋友打招呼，寒暄之后，朋友向这位客户介绍说："这是我们公司的陈总。"当时，那位副总很开心。

"副总"和"老总"虽然都是公司的高层管理者，但是一字之差，地位上就有很大的不同。朋友称呼陈副总为"陈总"，无形之间就提高了陈副总在公司的地位，将他捧到公司一把手的职位上。而公司老总不在，副总可以代表公司，这种称呼并没有什么不妥。朋友没有对副总有一个字的赞赏，却成功地拍了副总的马屁，让副总对他另眼相看。

任何情况下都以职位称呼上司，明确上司所处的高度，在尊重有加的同时，就是不动声色的马屁，如果在这个马屁之后，再说上几句赞美的话，领导会更喜欢，并不会觉得你虚伪和奉承。

所以，不要想着在下班时间就可以随便称呼领导，任何情况下，都用职位称呼他。即使你同他是好朋友，在第三人在场并且关系一般的情况下，也要如此。不然，上司会觉得没面子，你不尊重他。即使后面马屁拍得再高明，不尊重的基调在那里，上司也会觉得不真诚。

找到与上司的共同点，展示出来

公司从美国挖来了一位投资总监艾伦。艾伦是中国人，只不过常年在美国，对中国有些陌生。

投资专员陈豪在市里一家土菜馆巧遇到这位上司。艾伦为人比较热情，邀请陈豪一同就餐。在谈论中，陈豪得知艾伦同自己吃饭的口味相同，艾伦表示很想念中国菜，但不知道附近有什么好吃的。陈豪当即表示，自己是一个吃货，对美食没有抵抗力，可以做艾伦的"美食顾问"，带他去吃好吃的。

就这样，陈豪很快地同艾伦熟悉起来，两个人经常在一起吃饭。

为了拍好上司的马屁，我们还可以找到与上司的共同点。比如，喝同一个口味的咖啡，穿同一个品牌的衣服，追同一个球星，玩同一款游戏，

同上司是老乡、校友等。

找到同上司的共同点之后，并适时地展示出来。这个时候，我们一定要避免刻意的展现，不然，很容易让上司觉得你是别有用心的套近乎，让他反感。

如果同上司没有共同点，我们就创造出共同点。和珅就是这样做的。

乾隆喜欢诗文，和珅就从诗文下功夫，并且用心琢磨乾隆的诗文风格。在诗文上，和珅同乾隆有着相同的创作风格和审美情趣，经常在一起作诗，和珅夸赞乾隆写得好也就非常自然，让乾隆听得很舒服。

如果上司喜欢看书、听音乐，你不妨也找些书和音乐听听；上司喜欢游泳、到健身房锻炼身体，你也可以常去游游泳，锻炼身体；上司喜欢爬山，你没事时也可以穿好行头去爬山，并恰当地在你的微博、微信等同上司有联系的地方展现出来……

这方面的功夫并不会白费，使得我们在扩展了自己生活兴趣的同时，更找到了接近上司的突破口。在无意识间将其展示出来，很容易让上司觉得你与他是同类人，从而在心理上认可你。

我们在展示这些共同点的时候，要留有余地，尤其是在技能的共同点上，给上司发挥的机会，并自然地赞赏上司，让上司有优越感和自豪感。

如果我们恰当地说："因为看到您……我觉得挺好，想像您一样，所以也……"这样即使是刻意的学习，也不会让上司觉得有什么不好，反而更容易让上司感受到我们的尊重和谦卑。

我有一个朋友，与上司的关系相处得很好，很受上司的器重。这除了因为他个人能力很强之外，还因为他与上司的那些"共同点"。

我的这个朋友无意中关注了上司的微博，看到上司喜欢打篮球，于是私下里恶补篮球。

在一次两个人的沟通中，上司无意间说起头一天看的球赛。朋友表示，自己也看过，并且非常喜欢其中的某个球星，还对他的球技进行了点评。当然，朋友的这个点评是“抄袭”上司的。但是，上司感觉找到了聊天话题，同朋友就球赛聊了30多分钟。

后来，上司约朋友打篮球，私下里下过一些功夫的朋友球技也可以，但是不能同在上学时期就是校队队长的上司相比。结束后，朋友表示，上司太厉害了，一定要向他学习，有机会超越他。

拍马屁并不是三言两语就可以成功的，没事时多关注上司，找到同他的共同点，共同点包装下的马屁更合上司的意。

和上司保持步伐一致

公司部门会议上，经理提出一个方案，让大家发表自己的意见。下属都说“不错”“没问题”“就按照经理的意思办”，只有李原没有发表意见。

在李原看来，经理的方案是很完备，可行性比较高。可是，其中几条是可以完善一下，做到更好的。

李原说：“方案挺好。不过，我觉得有些地方是可以完善一下的。”经理“哦”了一声，询问李原：“你说说看是哪些地方。”于是，李原便提出了自己的观点和看法。

经理听后说：“嗯，你提的意见可以考虑。不过，方案还是保险一点比较好。”

李原听经理这样说，很不解，觉得自己的意见很出彩，是可以被采纳的。

于是，李原就同经理据理力争，气氛搞得很僵。

最后，经理没办法，只得说：“我把方案递给总经理，也告诉他你的意见，看看能不能添加。”

可是，通过的方案中并没有李原的意见。从那以后，李原总感觉经理

有些刁难他，对他特意地讨好也不买账，不得已他申请调到了别的部门。

《杜拉拉升职记》中有这样一个情节：

杜拉拉需要向在上海办公的上司玫瑰汇报广州办的工作。但是，由于上海办和广州办的文件格式不统一，让玫瑰非常不满。于是，在两个文件格式多方比较的情况下，杜拉拉用上海办的文件格式替代了广州办的文件格式，以此方便了玫瑰查阅文件，并有一种被追随的优越感，让她很满意。同事海伦很不满杜拉拉的做法，称她是马屁精。

杜拉拉的职场经验告诉我们，要与上司保持步伐一致，无论是意见、习惯、思考方式，还是兴趣爱好。

每一位上司都希望有人呼应自己，一呼百应，方能显示出自己的能力。领导推行一个决策，最害怕没有人呼应。所以，会拍马屁的人会巧妙地同上司的步伐保持一致。领导说什么就赞成什么，领导做什么就跟着做什么，因此被人称为"应声虫"。可是，"应声虫"们却常常能博得领导的欢心，让领导信任他，觉得他是"自己人"。

所以，为了马屁拍得成功，我们要学着同上司保持一致，成为上司的"自己人"。

为此，工作中，需要我们积极地配合上司完成工作任务。对待上司的批评虚心接受，切不可不分情况的冲撞上司。受到上司的表扬也要谦虚对待，并适时地用"幸亏有您的指导""多亏了您的帮助"等将功劳揽到上司的身上。

我们还可以学着模仿上司，模仿他的行为习惯和处事作风。如果上司为人比较谨慎，那我们就不可马虎；如果上司比较马虎，他就可能会要求下属谨慎，这个时候，我们就不能马虎；如果上司待人宽和，我们就不能待人以严；如果上司做事干脆利落，我们就不能拖拖拉拉。

在穿着打扮方面，我们也可以同上司保持一致，但是不能雷同。因为上司是领导，他自然无法接受在办公室里发生与自己撞衫的情况，这样会打破自己的优越感。

总之，同上司保持一致，更有利于自己同上司拉近距离。同上司处于对立状态的人，即使说赞美的话也会被上司认为是在拍马屁。而能够用自己的实际行动呼应上司的下属，即使是夸赞言过其实，上司也不会计较。

这里说的保持步伐一致，不是没有原则的一致，这样除了让其他下属反感，更会让领导觉得你是个趋炎附势的小人。同上司对的好的方面保持一致，毫无保留的在这些令人佩服的点上赞赏上司，更容易得到上司的回应。

上司交代任务时，拿出你的笔记本

戴誉是一个勤奋努力的小伙子，他眼皮活，办事可靠，主管很喜欢交代给他任务。而戴誉非常难得的一点，是每当上司交代任务的时候，他总会拿出自己的笔记本，一条条地记录下来。如果遇到自己不太懂的问题，他也会翻开本子，一点点地询问主管。因此，主管对戴誉的印象非常好，觉得他特别认真。

在一次部门会议上，主管对戴誉的工作态度提出了表扬，夸他办事认真可靠，尤其欣赏他记任务的好习惯。

对于领导的表扬，戴誉当时说："我脑子笨，主要是害怕跟不上您的思路，而遗漏了重点内容，耽误您交代下来的任务。"

戴誉句句谦卑的话，让主管听得很是舒服，并让大家向戴誉多学习，将手里的本子利用起来。下属们表面上点头，可在心里却觉得戴誉有心机太会拍马屁，一个小小的笔记本就赢得了领导的欢心。

其实，赢得领导欢心的不是小小的笔记本，而是戴誉的行为。

领导都喜欢把自己交代下来的任务放在心上，并第一时间完成的下属。这既表明这位下属工作认真、可靠，也说明下属对领导工作的支持。

大多数情况下，我们同上司沟通的内容都同工作有关，上司主要关心的也是下属的工作。你不可能像平时同平级的同事聊天一样，与自己的上司谈论一些无意义的八卦。除非你同上司关系好，并且是在工作时间之外。

一般地，上司在交代下属任务的时候，非常反感下属说“这太难了”“怎么做”“什么意思”，且对没有认真听他说话，思维经常开小差的下属更是反感，觉得这样的下属对自己不尊重、不重视。

为了给上司留下一个好印象，让上司觉得你是一个值得信任的下属，在上司交代工作任务的时候，不妨掏出自己的笔记本，遇到重点的内容，记录下来，并适时地询问。

因为听说之间的误差，在同领导沟通任务的时候，很可能会遗漏了重点内容，从而导致工作做得不够好。而利用笔记本记录上司交代的工作任务，可以很好地帮助我们准确地将任务记录下来，同时，也是很好的防止自己在忙碌中遗忘的最简单有效的办法。

这个行为会显得我们比较积极主动，很迎合上级对下属的期待，同时也是间接拍领导马屁的一个好方法。

因为你的这个行为动作在向领导暗示，你在认真倾听他的讲话并积极地支持配合他的工作安排，你很尊敬他，很重视同他在工作上面的沟通，你对他很顺从，服从他的安排。

任何一位上司看到自己交代下来的任务被下属记在了本子上，都会对这个下属有一个好印象。即使这个下属会询问不理解的地方，上司也会耐心地解答。

知道上司想听到什么样的回答

刘邦即位之后，萧何在长安极尽财力为刘邦建造奢华的未央宫。

刘邦见到未央宫的奢华后，有些不悦，问萧何：“百战之后，民生凋敝，大乱已除，隐患未止。你为什么要建造这样奢华的宫殿?”其实，刘邦的意思很简单，就是你建造这样豪华的宫殿会让别人说我的呀。

萧何回答说：“这样做是为了显示陛下您的尊贵，让后世无法超越，这也是安定人心的一种方法。”

刘邦听后非常高兴。

其实，萧何说的正是刘邦要听的。当年，刘邦看到秦始皇的马车，就说“大丈夫当如此”，他造反当皇帝也是为了享受荣华富贵。萧何巧妙地将刘邦的意思表达出来，并把享受奢华扣上了安定天下的名头，自然正中刘邦的意。

有些人会感慨，为什么会拍马屁的人总能讨得领导的欢心?因为，他们知道哪些话是领导爱听的。

李鸿章是慈禧太后身边的红人。

一次，为了逗乐，慈禧太后让文武百官画狗，看谁画得最好。

于是，李鸿章在画上画了雍容华贵的慈禧太后，然后在慈禧太后的脚边画了一只温顺的哈巴狗。

慈禧太后看后问他是什么意思。

李鸿章说：“老佛爷就是我的主人。”

慈禧太后听后非常开心，对李鸿章也另眼相看。

李鸿章虽只说了一句“老佛爷就是我的主人”，可这马屁却拍得很合慈禧太后的意。李鸿章巧妙地向老佛爷表白自己的忠心，也在画上赞美了老佛爷。这句话同那幅画是慈禧太后最想听到的答案。

当然，我们不能为了讨得领导欢心而失了自己的原则，这样会让领导觉得虚伪，你不可靠。

作为下属，为了同领导打好关系，一定要知道上司想听到什么样的回答，这也是拍对马屁的基础。

上司管理着一个团队甚至是一个公司。作为管理者，他们希望下属能

够配合自己的工作，服从自己的管理。

上司交代给你任务，问你能否完成。他自然不想听到“困难”或者“不能”两个字。他想听到的是你的努力，如果你在后面再说一句“我有什么不懂的还要向您请教”，上司就会觉得你既努力又有上进心。

在人多的情况下，上司更希望听到员工赞同自己的想法。当然，这种赞同不是盲目地说“好”。要说出好的地方，说出自己独特的想法，不然就是趋炎附势，领导也不会在众人中注意到你。

上司喜欢不邀功、谦虚的员工。当上司表扬你的时候，即使是出于真心，他也不希望从你那里听到理所当然的回答。这个时候，最好的答案是谦虚，并在谦虚之后，恰当地夸赞领导。会拍马屁的人知道该如果接受上司的赞赏，并恰当地赞美上司。

比如，你和上司一起打球，两个人不分伯仲。领导夸你说：“打得不错。”如果这个时候，你回答“还好，还好”，肯定不如回答“哪里，还是您打得好，尤其是……以后我还要多向您学习学习”更能讨得领导的欢心。因为，既然两个人技术差不多，上司在夸奖了你的同时，也期待能从你那里获得赞美。如果你只是回答“还好”，上司并不会觉得你是谦虚，反而觉得你有些自负。

知道上司想听什么样的答案并不需要你学习“读心术”。只要你平时多观察、多接触，从上司的性格、兴趣爱好、行为习惯入手，想知道上司的想法并不难。

如果你的上司是一位办事讲求效率、雷厉风行的人，他希望听到的是你“是”“好的”“明白了”这样麻利的回答。如果你的上司讲究赏罚分明，权责明确，你就不能回答他推卸责任的话。而如果你的上司喜欢受人赞美，你在同他沟通的时候，就要适时地赞美。那些同上司唱反调的人，要么是自己当了上司的上司，要么就是被上司放置在权力最偏远的地方，不被重视。

上司遇到尴尬，玩笑化解

我有一个朋友，同上司关系处得不错。一次周末，她路过上司所住的小区，为了表示心意，便买了水果去上司家拜访。

朋友敲开上司的门，看到的却是穿着睡衣，头发乱糟糟，睡眼惺忪的上司。

休息日嘛，大家在家都是一个状态。可是，这位女上司却有些尴尬，但又不好意思拒绝朋友进门。就这样，朋友看到上司的家也是乱糟糟的，换洗的衣服随处乱扔，桌子上也放着各种饮料、零食。这样的生活状态，完全不像上司平日里表现得那样精致高雅。

朋友有些傻眼，上司更是尴尬，说："昨天聚会，有些乱。"然后，慌忙地腾出地方让朋友坐，并手忙脚乱地收拾，当时尴尬极了。

我的这位朋友和我说起这件事情的时候，我问她是怎么缓解尴尬的。

她说没有，就那样眼睁睁地坐着，忙也没有帮上。最后，实在不好意思，便借口走了。

职场中经常会发生让上司尴尬的事情，同下属撞衫，被下属叫错称谓，在会议上说错话，批评下属却遭下属回嘴，谈合同时客户把下属错认成自己……

领导遇到尴尬事件似乎要比普通员工更尴尬，如果处理得不好，更有失威严和修养。而作为下属，想同上司搞好关系，化解上司的尴尬是应该做的事情。让上司的尴尬随着大家一笑而过，上司觉得你聪明机智的同时，更觉得你体贴，是他的好下属。

这个时候，作为下属，上司遇到尴尬事件，用玩笑巧妙地化解，在哈哈大笑中让上司对你另眼相看。事实证明，用玩笑化解上司的尴尬，这样的马屁很有效果。

周志勇和同事李平一同到上司刘总办公室汇报工作。

作为新来的员工，周志勇的能力和努力很让刘总看好，刘总也表现的很喜欢他，当面把周志勇夸了一番，并笑着嘱咐李平多和周志勇学习学习。

当时，李平估计是心情不好，脸色冷冷地说："外来的和尚好念经嘛！"

李总当时说那话并没有责怪李平的意思，却被李平冷眼冷语地回了过去，显然没有在预料之内，有些尴尬，脸色也变了。

这时，周志勇笑着说："我是新媳妇，领导怎么看都好，等时间长了，熬成了旧媳妇，领导就觉得一般了。"

李总听后，哈哈大笑，指着周志勇说："你呀！"

会拍马屁的下属，不仅能够知上司所想，了解上司的难处，还会通过自己的实际行动证明自己，所谓"忠心护主"，没有行动，光凭言语是不够的。

所以，当上司遇到尴尬时，不要在背后同其他的下属一起取笑，上前用玩笑化解上司的尴尬，圆上司的场，上司会很感激你，这要比你说上几十句"上司英明"好得多。

掩藏锋芒，把功劳归于上司领导英明

蓝玉是朱元璋手下的一员大将，他战功显赫，在洪武二十年被封为大将军，后又被封为"凉国公"。

可是，蓝玉这个人却骄横跋扈，目中无人，把朱元璋对他的封赏看作是理所当然的事情。多次在集体活动中不把朱元璋放在眼里，让朱元璋很没有面子。

最后，朱元璋实在是忍受不了，将蓝玉杀了，还掀起了著名的"蓝玉案"。

在读历史的时候，我们经常会看到那些陪着皇帝打天下的很多大臣最后都不得善终。

所谓“飞鸟尽，良弓藏；狡兔死，走狗烹”。其实，在很多情况下，并不是皇帝忘恩负义，只可共苦不可同甘，而是下属功高盖主的“威胁”太大。因此，从造反发家的他们更会留意每一个来自有能力下属的“威胁”，并将“威胁”扼杀在摇篮里。

在职场中生存，聪明的下属知道如何掩盖自己的锋芒。而会拍马屁讨得领导欢心的下属更知道在掩盖锋芒的同时，把自己的功劳归于上司英明的领导。

汉朝时，汉宣帝派七十多岁的龚遂治理渤海。龚遂是个很有能力的人，经过几年的时间，渤海泛滥得到了有效的治理，百姓过上了富足安稳的生活。

后来，宣帝招龚遂还朝。

龚遂的一位手下提醒他，如果天子问他是如何治理渤海的，一定要将功劳揽到天子的身上。

面见天子时，宣帝问龚遂：“你是如何治理渤海的？”

龚遂回答：“治理渤海并不是臣的功劳，而是陛下的英明威武感化所致。”

汉宣帝听了龚遂的回答很是满意，最后安排他在要职工作。

我们在职场中会发现有这样一种人，他们能力并不是很强，却总是会受到上司的额外“赏识”。也许，并不是他们没有能力，而是他们知道怎样发挥才正好。

如果你锋芒太露，上司会觉得他的地位受到了威胁，很容易将你视为眼中钉，不给你发挥的机会。为此，职场中人要避免锋芒，在受到夸奖或者认可的时候，将功劳揽给上司。

有些人特别鄙夷，面对上司夸奖，喜欢说上一句“是因为领导教导得好，我才顺利完成工作”的人。在他们看来，这样的人似乎谦虚得有些过头了，马屁拍得有些太明显。

实际上，在与上司沟通的时候，一定要这样做，掩盖自己的锋芒，把自己的功劳回归给自己的上司，用言语赞美上司的英明。这样的下属才深得领导喜欢，即使在他人看来你的马屁拍得太明显，上司也会欣然接受。

如果是第三个人夸奖你能力好，比如老总、客户，你也要把功劳揽给你的直属上司，让老总或客户觉得你谦虚，让上司觉得你知恩图报，在你的工作被认可的情况下，是三方都开心的事情。

即使在非工作的场合，只要有上司在，都要给上司留面子，不要抢了上司的风头。就算你发表了精彩的言论，也要给上司发表的机会，在后面说上一句“您认为呢”，这样做，上司会觉得你很会办事。

把错误揽到自己身上，给上司一个台阶下

辛迪正在查阅资料，却被蒋总叫到了办公室。

辛迪刚走进办公室，上司蒋总就丢给她一个文件。辛迪一看，是今早她提交给蒋总的策划方案。

蒋总劈头盖脸地问辛迪：“这个方案我不是告诉过你了吗？怎么还是乱七八糟的！尤其是这个，什么创意，一点都不符合客户的要求！”

辛迪顺着蒋总手指的地方往下看，很不解，这个创意不是按照他的指示做的嘛！怎么现在有问题了。

辛迪心里很委屈，对上司说：“这就是按照你的指示做的。谁知道怎么现在出现了问题？”

这时，蒋总才想起来，方案确实是自己指示辛迪这样做的，也忘了将客户的新思路加进里面。可是，辛迪这种态度，实在是让人不喜欢。

蒋总越想越气，对辛迪说：“这个方案你就别做了，还是留给苏

珊吧！”

辛迪一听，生气地将文件扔到了桌子上，走了出去，蒋总气得脸都绿了。

在工作中，同上司之间发生冲突是很正常的事情。可是，对于冲突，有些人就能处理得很好，让两个人没有尴尬，冰释前嫌；而有些人却不会处理，最后上下级关系搞得很僵，觉得上司针对自己，给自己“穿小鞋儿”，被逼无奈辞职。

其实，上下级之间并没有那么难以相处。

当工作出现了差错，或者上司误会了自己，理解错了自己的意思，只要不是原则性的，我们大可不必计较。

如果责任方是自己，一定要同上司坦诚，大胆地承认自己的错误，请求上司的原谅，并找到挽回的办法；而如果责任方是领导，只要不触及原则，我们可以学着宽容一点，容忍上司的“小脾气”，可以将错误揽到自己身上，给上司一个台阶下，待到上司冷静下来，再同他沟通。

虽然揽错误会让你心生委屈，也让其他人觉得你又在拍马屁。但是，这是一个避免冲突、挽回上司面子、同上司友好相处的好办法。

在上司受到领导责骂的时候，巧妙地将错误或者责任揽到自己身上，更能得到上司的信任。

总经理要查看一份文件，可办公室主任老王找了半天都没有找到。总经理等不及了，对老王说：“你这主任是怎么当的，一份文件都能弄丢！”老王挨了骂，心里一肚子火，可文件还是要找。

这时，办公室助理方茴正巧回来，连忙对总经理说：“总经理，不好意思，这都是我的错，材料是我放的，我回来晚了。那么多材料放在这儿，也难怪主任不好找。”话说完，方茴就伸手到柜子的第一层，翻了几下，抽出材料拿给主任，主任又将材料递给了总经理。

总经理走后，方茴又对主任说：“主任，对不起，要是我早点回来就

好了。”

主任笑了笑，说：“没事。”

总之，我们如果同上司发生了争执，或者上司挨了批评，可以的话就把错误或者责任揽到自己身上，让上司有一个台阶下，挽回面子。中国人非常讲究面子，尤其是领导，更在意自己的面子。你将错误责任揽向自己，显得你比较顾全大局，通情达理，上司更会对你刮目相看，觉得你有担当。

第二节 勤请示，多汇报，轻松赢得上司赏识

陈卫然同上司黄经理一同出差。

在机场等候飞机的时候，黄经理拿出笔记本写报告。

陈卫然看到说：“黄经理，您真是日理万机，都快要坐飞机了，还不忘工作。”

黄经理抬头看看陈卫然，说：“我也有领导，也要汇报工作。和上司勤请示，多汇报，没有错。”

陈卫然明白地点点头。

请示、汇报是上下级沟通中必不可少的环节。

一个勤于向上司请示汇报工作的下属要比那些不喜欢请示、汇报的下属更受上司赏识，而一个请示和汇报工作时懂得技巧的下属要比不懂技巧请示汇报的下属更受上司青睐。

本节将主要从工作的角度告诉大家，如何在请示、汇报工作中讨得上司的欢心。

先请教，然后委婉地提出自己的意见

上司交代给刘灵一个方案。刘灵很努力，想要将方案做好，以期在上司面前好好表现一下。

但是，在具体的制定过程中，刘灵却遇到了问题，她不知道哪种设计更好。

刘灵想去请教上司，可是，上司平时很忙，刘灵也不想劳烦他，以显得自己能力不足。于是，刘灵就按照自己的感觉进行。

可是，任务完成之后，刘灵的方案却遭到了领导的否定，而问题就出现在她拿不定主意的设计上。

在工作中遇到问题请教领导是一件很有必要的事情。

有些人会觉得，请教是示弱的一种表现，很容易让上司怀疑自己的能力，觉得自己办事不力。

其实，并不是如此。请教并不会显得自己办事能力不足，相反，更有利于我们工作的开展，关键要看你怎么做。

如果我们有问题不请教，具体的工作中出现了问题，影响到工作的进度和工作的结果，会让上司觉得你真的是办事不力，能力不够，不够稳妥可靠。任何一个领导都希望交代给下属的任务被妥善地完成，他们都不想在背后收拾烂摊子。

这里说的请教是在一些比较重要的事情上，如果是一些鸡毛蒜皮的小事，你就没必要去请教上司，否则更会让上司怀疑你的能力，不妨与有经验的同事商量，寻求解决办法。

在大的解决不了的问题上一定要请教上司，这样会让上司觉得自己很重要，也会觉得你有大局观和责任心。即使出现了问题，错误和责任上司也要承担一半。如果你能把责任全部揽到自己的身上，更能得到上司的

认可。

在请教上司的时候，我们要挑准时间，上司忙碌的时候是没空为你解答问题的。如果你去请教他，他会很反感，因为你在耽误他的工作。为此，要先确认上司有没有空，如果上司表示很忙，你就要等他闲的时候再说。如果事情很急，你可以同上司讲，然后简洁明了地说明情况，让上司权衡。

在请教的时候，我们要带着“求解答”的心态，态度要温和、谦卑，不能强硬，因为我们是有难处请教上司，一定不能觉得上司为你解答是理所当然的事情，要带着学习的心态。

在请教问题之后，我们应该提出自己的看法和意见，让上司觉得你是有过思考，并在无力解决的情况下请教的，这样会更让上司觉得非他不可。我们在提出自己的看法和意见时，态度要谦卑委婉，用“您看是不是应该这样”“您看我这样对不对”，这样做上司比较喜欢。

当上司指点之后，我们不妨适时地说句“我怎么没有想到”“这样确实会更好”等称赞的话，让上司听得很舒服，觉得他确实很重要而且能力确实比你强，值得为你解答。

让你的意见变成上司的

张帅同上司沟通工作中的一个问题。其间，张帅就其中的一个问题提出了自己的意见。

张帅对上司说：

“我觉得这应该是这样的……”

“我觉得这样做才更符合客户的要求。”

“我的意见就是这样。”

上司听后没有反应，只是简单地说了句“哦”，并没有表示赞同或者不赞同，弄得张帅有些失望，觉得自己的意见挺好的，可为什么上司就没有任何表示呢?

在工作中，我们同上司打交道的时候，经常会就工作内容向上司请示和汇报。在请示过程中，表达自己的意见是经常的事情。而这也是沟通上下级关系的一个很好的途径。可是，让领导最终接受你的意见，这才是最重要的。

有些人在给上司提意见的时候，经常会遇到上司没反应的情况。其实，并不是你的意见不好，只是你没有用让上司接受的表达方式，让上司听得舒服而已。你时刻都在强调自己的想法，而忽视上司的感受。使用“我觉得”“我认为”“就这样”等过多的带有自我性质的短语，很容易引起上司的反感，觉得你不是在提意见，而是在说让他接受的方案。这样忽视上司的沟通自然是失败的，很容易被上司用简单的言语拒绝。

为此，在给上司提意见的时候，一定要注意自己说话方面的技巧。学着通过语言，巧妙地让你的意见变成上司的意见，这样更容易引起上司的共鸣，让他接受你。

比如，我们在提意见的时候可以这样说：

“这个问题我想了很久，经理，您觉得怎么样?”

“您觉得我这样说的可行性高不高?”

“您看还有没有什么不妥的地方?”

这样的表达方式，让上司觉得很舒服，感觉自己受到了尊重，你是在谦虚地询问他。同时，这种句式也很容易让上司进入自己的思考中，从而形成自己的看法。你的这种询问，看似将最终的决定权交给了上司，实际上仍掌握着很大的主动权，因为上司会顺着你的想法思考。

在一些多人场合，如在工作会议上，或者同客户交谈的时候，提出了自己的意见之后，一定不要忘了询问上司一句：“您觉得如何?”抛砖引玉，引出上司的看法。既能让上司认可自己，也可以很好地掩盖自己的锋

芒，给上司留足面子。

对于这种眼里时刻都有自己的下属，很少会有上司不喜欢的。

即使认为上司的观点有误，也要先认同再建议

公司会议上，老总提出了自己的计划方案。投资部的主管刘一峰觉得老总的方案有漏洞。

老总在侃侃而谈之后，问大家有什么好的想法与建议。

刘一峰当时就对老总说：“刘总，我觉得不应该只考虑H公司的主营业务。实际上，我们的投资方案应该全面地顾及H公司的附属业务，让H公司看到投资前景，有利可图。这样的方案才更吸引人。”

刘一峰说完之后，并没有从刘总的表情中看到赞许。

实际上，刘总的表情很不悦，随即说：“重点出击，让这家公司的优点扩大化。再说，这家公司在进行产品的优化，有意要抛弃附属业务。我们制订方案，要从客户的需求入手。”

刘一峰非常不认同刘总的观点。于是，便同刘总在会议上争论起来，会议气氛搞得很僵，众人面面相觑，大气也不敢出。

最后，刘总生气地拍了一下桌子，说了声“散会”，就走出了会议室。

中国历史上，即使是唐太宗这样贤明的帝王，面对魏徵指出自己的错误也会恼怒万分，数次要杀了他。历史上很多大臣都没有魏徵这般幸运，要么被革职流放，要么是丢了性命。

领导也有犯错的时候。但是，领导的先锋表率作用让他们更加顾及自己的面子。当被下属指出错误的时候，很多人无法接受。尤其是遇到那些强调权威、决断的领导，他们很难接受被下属直指错误，会表现得很生气。

其实，即使是遇到比较有人情味的上司，若被下属“毫不留情”地指

出错误也会觉得有些尴尬，觉得你没有把他放在眼里，不是一个好下属。

上司在发表完自己的观点，最想从下属那里得到的是赞同，直接的否定常常会让他们觉得不高兴。事实上，我们在被他人否定观点的时候，内心的第一情绪也是不悦。

有时候，上司被你否定了之后，会笑眯眯地听你表述完自己的观点和意见，也不一定真的开心，最后认同你建议的可能也比较小。

为此，作为下属，在同上司沟通的时候，若想让上司意识到自己观点有误，并欣然接受你的意见，要懂得技巧，要先认同他们，然后再建议。

认同上司的观点，说上一句："嗯，您的考虑是对的。我觉得还应该……您觉得呢?"这种方法会让上司觉得你有礼貌，很尊重他，也听不出否定的意思。

事实上，无论上司的观点有没有错，我们发表自己意见的时候这样做，更容易获得上司的欣然接受。因为他们是管理者，从全局和长远的角度考虑，都追求利益的优化。只要我们的意见合理，有利于公司的发展，他们都会考虑。也会觉得你是在为公司着想，有大局观，是一个有想法、有能力的员工。

让上司在多项建议中做选择

会议上，老总问三个部门的主管对方案的意见。

主管甲说："我觉得挺好，没有意见。"

主管乙说："我觉得我们是不是应该在方案中添加点更加吸引人的亮点?"

老总问："比如呢?"

主管乙低头，说："我还没有想到。"

老总看向主管丙，问他："你觉得呢?"

主管丙想了一会儿说："这个设计方案总体挺好，可行性也比较高。我和××的看法一样，觉得可以添加一些新的东西。比如，场地的选择，请国外专家为现场嘉宾进行重点讲解，邀请现场嘉宾示范……"

老总听后，点头表示赞同。

很显然，对于这三个主管提出的意见，上司比较喜欢的是第三个。

第一位主管没有自己的想法，虽然不会得罪人，但是也不容易被老总注意；第二位主管提出了自己的想法，但是没有提出自己的解决方案，将问题丢给了老总；第三位主管，有方向，有意见，并且能让老总在多个方案中做选择。

也许老总最后并不一定就会同意他的意见。但是，这样的下属相比较前两位更受老总的青睐。

实际上，我们在向上司请示汇报工作时，让上司做"选择题"要比"问答题"要好得多，上司最不喜欢只提出问题而不提出解决方案的下属。

我们在向上司提出自己意见的时候，为了让自己的意见更容易被上司接受，达到自己预期的效果，可以给上司提多个意见，把主动权给老板，让上司在多项意见中做选择题。

这是一种非常高明的向上司提意见的方法。多个意见显得你思维缜密，对这个问题有过全面的思考，让上司觉得你是一个能够替他分担问题的下属。同时，几个意见摆给上司，会让上司的关注点集中在哪一个好上，答案都是你提供的，只是让上司选择其中的一个。最终，上司接受的意见还是你提供的。意见有效，会让上司觉得你很有能力，很有眼光，是个能够替他分担问题的下属。

我有一个朋友非常信赖他的一位下属，用他的话来说，他很贴心。这位下属同我这位朋友汇报工作的时候，会将他能想到的情况都摆出来给朋友看。提意见更是如此，会提出几个解决方案，让朋友进行选择。朋友说，事情让他做，根本不用自己操心，也是他想好了，让我选择。

所以，在向上司提意见的时候，尝试多提几个，让上司觉得你很省心。

“正话反说”，让上司自己引申出“反对意见”

弗兰克对老总非常不满。

因为老总对项目做了一个错误的决定，弗兰克多次向老总指出错误，但都遭到老总的拒绝。但是，如果依据老总的想法进行，这个项目会失败。为此，弗兰克在会议上同老总进行了争执，并提交了自己的方案，老总非常不屑，继续坚持自己的观点。

面对这般听不进下属意见的老板，弗兰克只能表示无奈。

我们在工作中也会遇到这种对下属的意见充耳不闻的上司。如何让这样的上司欣然的接受自己的意见，成了下属的难题。

五代后唐庄宗在一次打猎中，践踏了百姓农田。于是，当地县官劝谏庄宗。

面对属下指出自己的错误，庄宗很生气，怒斥县官。

当时，庄宗宠爱的优伶敬新磨痛骂县官说：“作为属下，你难道不知道天子喜欢打猎吗？既然知道，又为什么要让百姓种田，还让他们向皇上缴纳税收？你就不能让百姓饿死，把田地空出来，方便天子打猎用吗？”

说完，敬新磨请求庄宗处死县官。

庄宗听后，立刻放了县官，并下令不允许人马再践踏百姓的农田。

“正话反说”是一种辩论艺术，在古代经常被官员使用，以达到劝谏皇上的目的。

事实上，这种提意见的方法很有效。

人都有是非观念。但是，面子和虚荣让人很容易忽略自己的错误，并且在意识到犯错后也不想承认。这个时候，采用“正话反说”的方式可以

起到很好的警醒作用。

在职场中，为了让上司更好地接受意见，不妨采用“正话反说”的方式，让上司引出自己的“反对意见”。这样的做法，有利于自己的意见被采纳，同时，还会把功劳推给上司，更容易得到上司的赏识。

周六公司高层要去谈判，这个项目由周庆鱼负责。去谈判的领导比较多，如何安排出行是个问题。公司规模不大，领导没有配车。坐公交去，便宜，但是麻烦，和那么多的人挤车，影响心情也影响形象，不利于谈判的成功。如果打的，太贵又不划算。想来想去，周庆鱼觉得还是包车更为划算方便。

在向老总汇报工作时，周庆鱼说：“总经理，周六去谈判，关于出行的方式，打的虽然比较方便，但是有些贵。包车，虽然也方便，但是安排起来也有些麻烦，不如我们坐公交吧，经济又实惠，虽然有点挤，可能会影响谈判的心情。”

老总听后，对周庆鱼说：“谈判重要，你不是说坐公交会影响到谈判心情吗?！我们还是包车去，显得公司有面子。”

周庆鱼笑着说：“嗯，我怎么没有想到呢，还是总经理您想得周到。我现在就安排，然后再向您汇报。”

其实，周庆鱼私下里已经问好了租车公司，价格也比对好了。一向精明的他知道，不能向老总直接提出包车，不然老总会觉得自己擅自做主，不高兴，最后也不一定会同意。自己反过来说，更容易让老总提出反对意见，从而答应包车。

为了建议被采纳，我们不妨采用“正话反说”的说话技巧，让上司形成正确的观点，避免决策失误。同时，对上司夸赞几句，更会得到上司的赏识。

巧用拒绝术，即使拒绝也是好员工

纪晓雯刚向上司张经理汇报手头的工作。张经理就要求纪晓雯给自己到星巴克买一杯咖啡。可是，纪晓雯还要忙下午开会用的销售报表，实在没有时间顶着那么大的太阳去两条街之隔的地方买咖啡。

于是，纪晓雯对张经理说："经理，我还要忙着下午开会要用的材料，您还是让其他人给您买吧!"

张经理听到纪晓雯的拒绝，抬眼看她说："买杯咖啡而已，能耽误你多少时间?"

张经理的这句话让纪晓雯怒火中烧，当时就回过去说："我时间宝贵，脑子又笨，耽误了开会，您还不是照样得批评我！再说了凭什么叫我去，我又不是你的秘书。"说完，也不管张经理气得直瞪眼的表情，头也不回地走了。

在职场中，我们会遇到上司不顾实际情况安排超出我们负荷的工作，或者安排调入我们不喜欢的部门，做与工作无关并影响我们分内工作进度的事情……这个时候，是否该对上司的安排说"不"成为令很多人纠结的事情。

上司在职位上高于我们，似乎在工作中，上司提出来的要求作为下属的我们都应该无条件满足。拒绝在上司看来并不是一个好的下属。于是，有些人不会拒绝他人，对于上司不合理的要求，抱着成全上司、委屈自己地心态，选择默默地忍受，要么是自己分内的事情没有做好，又受到上司的责骂，要么就是弄得自己心力交瘁；有些人会断然地拒绝，可也在拒绝中让上司很没有面子，最终搞得上下级关系很僵。

别人对我们提出要求，最希望我们能答应。被拒绝是一件不舒服的事情。尤其是领导，被下属拒绝在他们看来是一件很没有面子的事情。拒绝常常会让上下级之间的关系变得很糟。

为了不影响上下级的关系，我们在拒绝上司安排的时候，要懂得技巧。拒绝得好，也是一位好员工，好下属。所以，在拒绝上司的时候，不妨给上司戴一顶高帽，赞扬上司通情达理、富有人情味，让他们在听到你后面的拒绝之后不好意思驳回。

同理，在拒绝上司的时候，态度要缓和，对上司表示尊重和理解，说上一句“我理解您的难处，要是我也会这样做，可是……”“我明白您的意思，也赞同，但是……”，让上司也关注你的难处。

在说拒绝理由的时候，我们一定要表现得态度鲜明。并且要学着从上司和公司的立场出发，不能光关注你自己。比如，上司不合理的工作安排，我们可以说，自己能力不够或者时间不够，会影响工作的进度和效果，不利于其他工作的展开，可能给公司带来一定的损失。

不要忽视执行中的汇报

汇报工作是上下级工作交流中不可缺少的部分。

一般，我们喜欢在上司安排好工作任务之后，直接将工作结果汇报给上司。这种做法，是非常不对的。

在工作的具体执行过程中，我们也不要忘记汇报情况。

虽然上司只对结果负责，但是，对于过程上司也很在乎。当他将任务交代给你，更希望你能不时地汇报工作情况，让他了解到工作进度，这是对他的尊重，也是对任务的责任心。

在《杜拉拉升职记》电视版中，王伟让杜拉拉去机场接专家，为在发布会上讲述咖啡的制作。可是，接待却出现了意外，专家在飞机上吃坏了东西，无法动弹。杜拉拉出于同情，将专家接到了医院挂点滴。其间，没有打一个电话通知王伟。

发布会即将开始，还没有见到专家的王伟急得是一团糟，知道情况后，通知杜拉拉回来，当面狠狠地批评了杜拉拉，问她，为什么没有在专家发生食物中毒之后打电话告诉他？为什么没有在专家已经到现场之后通知他？为什么没有通知他就擅自把专家带到了医院？

王伟当时说了一句话："如果你向我汇报这些情况，我会告诉你我的解决方案。"

事实正如《杜拉拉升职记》中反映的一样。

我们在工作前，会将能想到的问题都想到，然后制订工作方案。可是，即使看似面面俱到的方案也不一定就能避免意外情况的发生。事实上，在工作的执行过程中，出现意外状况是很常见的事情。而上司非常在乎这个意外情况，也非常在意下属的不汇报。

如果情况小，还好解决；如果情况比较大，可能会造成无法挽回的损失，谁也无法承担。所以，执行中汇报工作，尤其是出现问题汇报工作是非常必要的。那些权威型的领导，非常不喜欢下属擅自做主，这样会让他们觉得下属没有把他放在眼里。

明朝朱元璋时期，地方官要到京城上报业绩。那些路途较远的地方官可能要在路途上花去两个月的时间，如果到京城总部发现数据出现错误，还要回去重新核对，再来汇报。这样，常常要花去小半年的时间。

为了避免这种麻烦，提高办事效率，官员们从总部负责人那里一次拿几张盖了章的空白文件，这样就省去了麻烦，提高了办事效率。

后来，这件事情被朱元璋知道了，很是生气。于是下令，凡事牵扯在内的官员，不管缘由如何，一律处死。

朱元璋是一个很重权力的老板。下属们在执行工作的过程中，没有向他汇报工作中出现的情况，是属欺君；不经同意，私自决定，又是越权。这样的错误，当然不可饶恕。其实，如果官员在走程序的时候，及时地向朱元璋汇报情况，也许朱元璋会想出很好的解决办法。

这就是在执行工作的过程中，不向上司汇报工作情况的害处。实际上，任何一个老板都喜欢向他随时汇报工作情况的员工。上司关注结果，更希望知道你是怎么做的。

保龄球效应：把不满变成赞美

有两位保龄球教练，他们的队员都是一次打倒了7只瓶子。

一位教练对他的队员说："你一次打倒了7只瓶子，真不错!"队员听到教练的夸奖受到了很大的鼓舞，想着下一次要把剩下的3只瓶子都打倒。

另一位教练对自己的队员说："怎么还有3只没打倒，你是怎么打的?"这位队员对于教练的责骂，心里很是不满，毕竟自己已经打倒了7只!

在这两名教练的训练方法之下，被鼓励的队员成绩很快上升，被指责的那一位队员的成绩却越来越差。

鼓励和指责会对人的行为产生很大的影响，而这就是所谓的"保龄球效应"。

"保龄球效应"被广泛地应用于企业管理上，不少管理者也给予下属较多的正向激励，以鼓励下属工作的完成。

现代职场强调管理上司的能力。作为下属，可以将"保龄球效应"应用在同上司的沟通中，把不满变成赞美，让上司欣赏你。

露西向上司罗斯提交上个月的工作报告。

罗斯扫了一眼，就对露西说："露西，从这个报告里，我并没有看到你的用心。拿回去重写!"

露西不满地接过报告，回到自己的座位上重写。

当露西将重新写好的报告交给罗斯看的时候，再一次被罗斯否定了。露西感觉罗斯在针对自己。别人的报告一次通过，自己的报告却改了一遍又一遍。

露西有些不耐烦地对罗斯说：“罗斯，您到底想看什么啊？我已经改了很多遍了！”

罗斯放下手中的笔，有些生气地说：“我想看的是你的用心与认真。报告不是敷衍了事，你在我手底下做了也快半年了，我对工作有什么样的标准你还不清楚吗？”

露西很泄气，拿回报告再去改，可是，一点心情都没有，真是觉得罗斯讨厌极了。

职场中，上司对我们而言就意味着“压力”和“督促”。我们很容易在工作沟通中对上司产生不满的情绪。这种不满的情绪很容易让我们同上司之间产生摩擦，影响到我们的工作和职场发展。

上司为了鼓励下属顺利完成工作，会满足下属渴望赞美、认可的心理。同样地，作为上司，我们也要给予他们同样的关怀。

当我们在同上司进行工作沟通的时候，如果对上司的言语或者行为有所不满，这个时候，为了维持上下级之间的和谐关系，我们不妨如保龄球教练那样，将关注点放到好的一面，把自己的不满变成赞美。就如露西可以对罗斯说：“罗斯，您对工作真是孜孜以求，我应该向您多学习。”这样说，可以润滑上下级之间的关系，让上司听得舒服，觉得你有上进心和耐心。

七个策略搞定上司“刁难”

老总问许邵理关于制订计划书的意见。

这个问题，并不好回答。尤其是对于刚工作不到一个月，对市场了解不深的许邵理来说更是有一定的难度。

许邵理明显地感觉到上司在刁难他。事实上，上司已经不止一次刁难

他了。

很多人面对来自上司的“刁难”无能为力。忍受，自己太委屈；反抗，会恶化上下级之间的关系，不利于自己在职场的发展。

有时候，上司并不是有意“刁难”你，而是喜欢通过设置的障碍看你处理问题的能力。可是，无论是有意还是无意，处理不当，总会让上下级关系变得比较紧张。

其实，上司的“刁难”并没有那么难以应对。巧妙地运用以下七个策略就可以搞定上司的“刁难”，既不为难自己，也没有挑战上司。

1. 反客为主

有时候，上司的一些问题，让我们难以回答。但是，不回答又不好，这个时候，我们可以采取“反客为主”的策略，将问题抛给上司，让上司代你回答。

正常情况下，如果上司不是有意刁难，是想不到你会将问题抛给他的，也不会有准备。而如果上司有意刁难，我们也为自己争取了时间，并且想对了方向，让上司觉得你是有能力的下属。

2. 反问上司

对于上司询问的无法回答的问题，或者得罪人的问题，我们可以用同“反客为主”的策略一样，反问上司，将问题踢给他。

这个时候，反问要有技巧，不能就简单地问上一句“您怎么看”。可以设定好前提，让上司觉得这个问题确实应该只有他能解决，并且要体现出你的能力和专业素质，让上司觉得你有过思考。

3. 转移话题

对于上司的刁难，我们还可以在接到问题以后，转移话题，不对问题进行回答。

话题转移要巧妙、自然，能够让其他的将关注点放到另一个问题上。只有这样，才不会让人察觉出你的小心思。

比如，你可以说："您提出的问题正是我们应该考虑的。但是，我认为我们目前应该集中讨论具体的应对策略。"这样的转移就比较自然。

转移话题的时候，我们要确定，话题是重要，而且是上司或者其他人关注的。不然，很容易会转移失败，让上司觉得你在敷衍他。

4. 找"替死鬼"

如果上司确实是想得到答案，而不是针对你，对于"刁难"的问题，可以适时地推给同事，说："您提的问题很重要，不过，我恐怕能力和专业有限不能回答您的问题，我建议应该找××部门的人回答比较好。"

如果上司是对事不对人，他不会计较你这样的故意"拒绝"，而会找你推荐的人解答。上司会觉得你比较诚实，有责任心。

5. 玩笑躲过

如果你是一个擅长搞笑的人，在面对上司的"刁难"的时候，可以开一个无伤大雅的玩笑，或者说一个调节气氛的笑话，转移大家的注意力。大家会认为这是你一贯的作风，也很容易在哈哈大笑中将关注点转移。

这种策略适合在小型会议中，大型的较为正式的场合不可用，不然会弄巧成拙。

6. 博取同情

如果我们对上司的"刁难"实在应付不来，可以采取一些小计谋博取上司的同情。比如，装作家里有事发生，情绪不好，或者突然肚子痛，无法回答等。

一般，出现这种情况上司就不会继续“刁难”你了。但是，前提是你要演得好，让上司觉得是真的。过于虚假做作，会让上司觉得你在借口逃避，是很不负责任和没有能力的表现。

7. 装傻充愣

对于上司的“刁难”，若实在是回答不了，干脆退出不知道，不了解具体情况。

但是，这种策略比较适合那些平时做事比较认真、靠谱，有一定能力和地位的员工，上司比较信任他们。

以上七个策略可以帮助我们很好地应付上司的“刁难”。但是，每一个策略都需要我们表现得自然。在面对上司“刁难”的时候，不妨尝试着使用。

第三章

下行沟通：亲和+肯定

作为一名优秀的领导者，在与下属员工沟通的时候，是否存有一定的障碍？

实际上，对于上级领导和下属员工来说，本身因为职务的关系就存在着一定的心理距离，如果身为领导者不积极主动地缩小距离，反而有意无意地扩大距离，那么就会走进下行沟通过程中的一个误区，使得上级领导和下级员工之间无法进行有效沟通，不利于决策的推行和自我权威的树立。

其实，上司同下属沟通的障碍很容易消除，亲和同肯定就是下行有效沟通的两把利器，利用这两把利器，再配以其他技巧，同下属在职场中创造和谐的上下级关系就是件简单的事情。

第一节 拉近距离，站在下属的角度沟通

当上级领导和下属员工成为沟通的主体时，遇到的最大困难就是职务距离。职务所造成的距离感，一方面会让上级产生优越感，从而无法平衡心态，导致沟通失败；另一方面则会让下级产生压迫感，从心理上排斥沟通，导致沟通失败。

因此，上级领导要想保证与下属员工沟通顺畅、有效，就必须懂得如何拉近彼此之间的距离，而消除心理距离最好的办法就是要学会站在下属员工的角度思考问题。

简单地说，换位思考从理论上不难理解，但是在实际的生活和工作中，换位思考就变得难上加难。

有些人会有疑问：为什么要让上级领导迁就下属员工？

答案非常简单，上级领导的思维是多方位、全角度的，只有上级领导弯下腰，才能够真正地听到下属员工内心的真实声音。

在下行沟通的时候，上级领导切记不要用身份和职务来打压下属员工，如果你这样做了，那么你听到的就都是阿谀奉承之词，没有一句是真心话，实际上这样的下行沟通是完全失败的。

实话只有在“放下架子”之后才能听到

任何领导者都希望自己的下属员工对自己说实话。但是，有许多领导者的主要烦恼，就是无法从自己的下属员工那里听到实话。实际上，想要听到实话并不难，只要领导者可以放下“领导的架子”，就能够听到下属员工的实话了。

沟通是一件非常奇妙的事情，如果你无法与对方保持平等的地位，以及处于同样的高度看待问题，那么有效沟通就会变得非常困难。

“放下架子”表面上来看并不是一件无法做到的事情，但是要想实实在在地“放下架子”，就不是光弯下腰，对下属员工笑一笑那么简单了。

作为领导者要从内心深处尊重下属员工，不仅要平等地对待下属员工，更要从心理上真正地接受下属员工的思想和建议。

在整个沟通的过程中，领导者不要把“听实话”变成形式主义。当你在心里想“我是领导，我应该……”的时候，你就已经端起了“领导的架子”，因为你已经在潜意识里把自己和下属员工区分开来，认为你和下属员工不是一样的人。这个时候，你在员工的眼里根本就是一个“架子十足”的领导者。面对这样的领导者，任何一个下属员工都不会说实话，因为他们认为，说实话的下场会很不好，后果会很严重。

由此可见，领导者要想真正地“放下架子”，就必须从内心开始放下自己的领导者身份，营造更加适合沟通的氛围，以及建立起自己亲和无伪的外在形象。当下属员工认为你是一个既有能力，又不摆架子的领导者时，他们自然就会对你说心里话。

“放下架子”不是表面工作，你必须认真对待下属员工的每一句话，不要遇到不顺耳的话就端起领导的架子，使得下属员工看不到你的沟通诚意。在实际工作中，上下级的关系就已经为沟通制造了一些不可避免的障碍。作为领导者，如果你无法让自己真正地融入到沟通中，那么你与下属员工之间就会出现更加严重的无效沟通。

所以，从今天开始就放下你的领导架子吧，用亲和力打开下属员工心中的戒备之门，使你能够听到更多的实话，而下属员工也能够更加顺畅地说出自己的心里话。事实上，领导者之所以必须“放下架子”，正是因为下属员工会对你的职务有所忌惮，没有办法无所顾忌地与你沟通。而当你真正“放下架子”的时候，也就是下属员工真正愿意与你有效沟通的时候。

多激励，少斥责

有些领导者会认为，“我斥责下属是应该的，他们做错了事情就该被批评”。

实际上，领导者的斥责从某种意义上来说，有可能会加速下属员工的逆反心理，并且完全排斥与你进行任何形式的沟通。

你一定遇到过这样的事情，同样的一件事，如果你当众斥责下属的错误，那么下属员工会表现得很烦躁，很不耐烦。那么，在接下来的沟通中，无论你说什么，下属员工都不会给你积极的回应。

问题就来了，下属员工做错事情的时候，就不能批评了吗？答案当然是否定的。

但是，作为领导者，一定要明白一件事情，批评和斥责是完全不同的两个概念，对于下属员工在工作中的失误，领导者可以批评，但是千万不要斥责。

与斥责相反的做法，就是激励。领导者对下属员工的激励有很多种方法，最直接有效的方法就是在沟通的过程中，直接对下属员工进行毫无保留的激励。

实际上，激励和斥责所带来的沟通结果是截然不同的。

当你用斥责的沟通方式对自己的下属员工时，你会说：“你怎么这么笨啊！”“工作做得太糟糕了！”那么下属员工会单方面切断与你的沟通，完全不理会你的沟通意愿。

而当你用激励的方式同下属员工进行沟通时，你会说：“你要吸取教训，争取下一次做得更好。”“不要灰心丧气，继续努力你就会成功。”这样的沟通方式不仅能够提升下属员工的工作积极性和斗志，而且也能够拉近你和下属员工之间的距离，使得下属员工能够信任你，尊重你。

如果你当众激励下属员工，及时奖励他们的工作成绩，他们的工作态度就会变得积极，而且会用非常正面的态度回应你的沟通。如此一来，你与下属员工之间的有效沟通率就会大幅度提升。

不少领导者也知道激励带给员工的正能量，但是，在实际工作中，往往不好操作。尤其是面对犯错误的下属员工时，领导者经常会无法控制自己的情绪。

这个时候，当你控制不住地想要斥责下属员工的时候，那么就请你冷静3分钟。在这3分钟的时间里，你必须有效地控制自己的情绪，把愤怒化解掉，然后再开口对下属员工说话。经过3分钟的控制，你差不多就能够心平气和地对待犯错误的下属员工了，即使无法对其进行激励，但是至少不会大声斥责对方。

没有听到预期的斥责，反而是鼓励，绝大多数的下属会感觉自责，从内心接受自己的错误，做事会更有动力和方向，更愿意服从你的管理。

所以，作为领导者，不要把自己的目光局限在下属的错误上，学着换一种方式，多激励，少斥责。

说服下属的关键在于将心比心

你一定遇见过固执己见，不愿接受你的工作安排和意见的下属员工。

从员工的角度来看，并不是你的工作安排有问题，而是你打乱了员工已经制订好，或者正在实施的工作方案。

从领导者的角度来看，你是从工作全局考虑，安排的每一步都是为了更好地完成工作任务。

既然你需要下属员工的全力配合，就必须说服下属员工完全听从你的工作安排。但是有些时候，你一定会觉得“说服下属真是一件苦差事”！

在实际的工作中，你完全可以把“苦差事”变成“甜差事”，只要你

能够做到与下属员工将心比心。

由于领导者和下属员工所处的位置不同，看待问题的角度也会不同。简单地说，你所看到的是全局，下属员工是部分。作为领导者，要认识到这一点。你不要要求下属员工完全理解你的安排和思想，但你需要完全明白下属员工的困难和想法。

当你无法说服下属员工的时候，应该静下心认真考虑两个问题。

1. 下属员工为什么不听从你的工作安排

大多数情况下，下属员工都会听从你对工作的安排。当他们没有听从你的工作安排时，先不要急着发脾气，试着冷静地思考其中真正的原因。

不到万不得已的时候，没有一个人愿意无缘无故地得罪自己的上司。领导者需要从头把所有的工作流程都考虑一遍，除去一些表面现象，抓住深层次问题的核心。之后就这个问题核心与下属员工进行沟通，只要你能够掌握真正的原因，那么下属员工就会愿意与你沟通，并且对你说出自己的真实想法。

2. 下属员工的困难你都想到了吗

沟通从来不是一个人的事情，如果你无法了解下属员工真实的困难，那么你的沟通是不会有任何结果的。因此，你需要考虑的第二个问题就是“你是不是真正地为员工着想了?”

要想说服下属员工完全听从你的安排，领导者就必须懂得用你的真诚换得下属员工的诚心。

然而，“将心比心”四个字说起来容易，但要真正做到却十分困难。

领导者需要做到的一点就是，必须让下属员工明白，你与他们之间不仅有相同的利益，而且有同样的目标，你们是一个完整的利益共同体。

毋庸置疑，说服下属员工必须要设身处地地为其着想，只要领导者能够排除他们的困难，帮助他们解决难题，那么下属员工就会听从你的工作安排。领导者切记不要一味地只知道指责和催促，而不懂得将心比心地对待下属员工。

“自己人”效应：做下属真正的朋友

与下属员工交朋友不是一句客套话，而是每一位领导者必须学会的工作技能。要让下属员工觉得你是“自己人”，那么他们就会认为你不仅能够在工作中帮助他们解决难题，而且还能够在职业规划上对他们的未来产生举足轻重的作用。

没有任何一个下属员工愿意与自己的上司敌对。而作为领导者，你只需要关心和扶持下属员工，就能够得到他们的认同和忠心。如果你和下属员工仅仅只是上下级的关系，那么在很多时候，下属员工会以工作是否完成来衡量自己的工作。

可是，如果你与下属员工之间是真正的朋友关系，那么他们衡量工作的标准就会转变为“我的工作完成的是不是完美？还能不能做得更好一些?”因为下属员工是在为朋友工作，而每一位下属员工都愿意成为领导者的“自己人”。

在“自己人”效应中，领导者和下属员工的关系会变得更加的牢固和平等。要想建立与下属员工之间的“自己人”效应，领导者在日常的沟通过程中，必须要注意以下两个要点。

1. 抛开领导的职务心理优势

实际上，领导者和下属员工之间除了职务上的区别，在人格、智力上没有任何明显的界限。要想让下属员工认为自己是“你的人”，你就必须抛开作为领导者的职务心理优势，从内心承认下属员工是你的朋友。这一

点必须真实做到，伪装是不起任何作用的。

2. 建立属于自己的亲和力

亲和力是领导者和下属员工沟通时最好的润滑剂，因此每一位领导者都应该建立属于自己的亲和力。

那亲和力从何而来呢?

自然是从你的内心到你的表情，从你的态度到你的一举一动中传达出的一种亲和的信息。

那么亲和力有什么作用呢?

亲和力的作用就是让下属员工信任你，相信你是真诚地与他们交朋友，而不是形式主义的走过场。准确地说，没有亲和力的领导者不仅无法顺畅地同下属进行沟通，而且在职场中还会失去很多的发展机会。

总而言之，“自己人”效应在让下属员工信任你、支持你的同时，也能够为你建立起良好的人际关系，纠正你在工作中、认识上的一些错误做法和思想。当你真正成为下属员工朋友的时候，你会发现，沟通对于你来说是一件非常愉快而有效率的事情。

领导者需要注意的是，同下属员工做朋友不能够流于表面化，而要切实地为下属员工做一些实事，使得下属员工真正地从心理上承认，他们是你的“自己人”。

语言幽默，轻松诙谐

职场中有一种领导者是非常受下属员工欢迎的。这种领导者最大的特点就是语言幽默诙谐，在沟通的过程中，会使下属很快地放松下来，进入到比较良好的沟通氛围中。在任何一家企业中，懂得幽默的领导者总会很容易得到下属员工的信任和支持。

幽默诙谐的语言不仅能够创造出良好的沟通氛围，而且还能使下属员工感受到领导者的智慧，以及克服困难的勇气和决心。对于下属员工来说，一百句大道理都不如一句鼓舞人心的幽默。

幽默不是简单的开玩笑，也不是随意的打圆场，更不是为了使人发笑而说的低俗笑话。幽默是一个人智慧的结晶，更是战胜困难的勇气和信心。面对困境的时候，幽默地说一句“困难都是纸老虎，我比它厉害”比说上一百句“我们要不怕困难，勇往直前”更加具有鼓舞人心的作用。

领导者在与下属员工沟通的过程中，幽默而诙谐的语言不仅能够迅速地形成积极向上的沟通氛围，而且还能够解除下属员工的紧张心理，使得下属员工能够更快地适应沟通的角色配置。

沟通的过程中，你一定会遇到不顺畅的时候，面对沟通中的障碍，你不要只用简单的语言解释，而要用幽默诙谐的语言化解。当你与下属员工无法有效沟通的时候，千万不要用自上而下的语气说：“这是你的问题，你应该自己解决”或者“这是命令，你必须执行”。

如果你用这样的语言进行沟通，那么下属员工也许会听从你的命令，但是在执行的时候，他们很可能会抱着消极的态度，使得执行力大幅度地降低。

相反，如果你用幽默的语言对下属员工说：“问题是用来解决的，而不是用来害怕的”或者“这件事情我也做过，不知道你做得是不是比我好”。再配上你的亲和力，如此一来，你与下属员工之间的沟通就会轻松而愉快。

心理学家研究证实，人在情绪放松的状态中，更加能够展示出自己的智慧和才华，而且还会表现得比平常更加优秀。我们通常都会说要“敞开心扉”，而幽默就是打开下属员工“心扉”的一把金钥匙。

最关键的一点是，幽默而诙谐的语言能够化解下属员工心中的抵触情绪，使得整个沟通氛围更加和谐、积极。准确地说，领导者的幽默不仅仅

是为了调节沟通氛围，更是为了让下属员工畅所欲言。因此，语言的幽默、轻松、诙谐代表着领导者的领导力水平，以及下属员工的接受和理解程度。

没有人会喜欢整天严肃、刻板、看不见笑容的领导者，而要想提高下属员工的工作效率和执行能力，也不是靠严肃、刻板就能够完成的。因此，幽默是一种智慧，更是一种强大的力量。

积极倾听下属的发言

倾听是沟通过程中不可缺少的重要环节之一，没有倾听的沟通是不完整的，不会倾听的领导者也不会获得准确的信息。

准确地说，会听才会说，会倾听才能够了解下属员工更多的思想和工作状态，进而推动沟通有效、顺畅地进行。

在下行沟通的过程中，领导者由于职务岗位的原因，经常会处于沟通的主导地位，从而很容易忽视下属员工表达的意见和建议。因此，领导者在与下属员工的沟通中，一定要学会倾听下属员工的发言，而不是只专注于自己的想法和计划。

在现实的工作中，领导者要从下属员工的发言中获得第一手资料，以此为基础指导和制订工作计划。如果领导者无法清楚地了解下属员工的工作状态，而只是一味地对下属员工提出这样或者那样的要求，这样的管理方法不仅会让沟通失效，也会让下属员工对领导者失去信任和信心。

实际上，对于沟通本身来说，听的成分一直都大于说的成分。俗话说："会说的不如会听的。"

尤其是对于领导者来说，日常的工作中，领导者习惯于让下属员工听从安排，而很少有机会认真地倾听下属员工究竟想要说些什么。而积极的倾听下属员工的发言，也是领导者必修的领导力课程。

1. 倾听下属的发言才能够了解真实的第一线

领导者不可能每天都守在企业的第一线，而真正了解第一线的人就是下属员工。因此，领导者应从下属员工的发言中，获得第一手第一线的宝贵资料，并且以此作为计划和决策的重要依据。

在下属员工的发言中，你能够听到第一线现在的困难是什么，下属员工需要你解决什么问题。实际上，解决问题的重点就隐藏在下属员工的发言中，等待着你从倾听中获得它们。

2. 领导者必须掌控全局，不倾听就不知情

认真而积极的倾听才能够掌握第一手可靠的资料，而对于领导者来说，第一手资料是非常宝贵和重要的。为了更好地掌控全局，所有成功的领导者都有只属于自己的消息来源，而最广泛最可靠的消息，正是来源于下属员工。

3. 倾听是沟通的开始，积极倾听让下属员工感到尊重

倾听是沟通的一项实用技能，从倾听出发的沟通才具有极大的成功概率。而舍弃了倾听的沟通，注定是要变成无效沟通的。

在领导者与下属员工的沟通中，倾听还被赋予了另一层含义：尊重。领导者的积极倾听在下属员工的眼中就是尊重的代名词。这种尊重不仅可以提升下属员工的自信心和工作的热情度，而且使得下属员工更加信任领导者，并且对领导者更加忠诚。

打人不打脸，批评不“揭短”

领导者与下属员工沟通的重要原则之一：要给下属员工留足面子。

简单地说，就是不要揭下属员工的短处，尤其是在众人的面前。有时候你无意识的“揭短”，足以让下属员工颜面尽失，无处容身。

你一定见过这样的领导者，在批评下属员工的时候，总是会揪住别人的短处不放，说了一次又一次，只要下属员工犯错误，就把这个短处拿出来说一遍，而且还必须要在所有的员工面前说，似乎不让大家都知道就誓不罢休一样。

这样的领导者无疑是非常失败的。俗话说：“打人不打脸。”作为领导者更要做到“批评不揭短”。

实际上，所谓的“短”就是下属员工过去犯的错误和过失，是一些过去的事情。如果领导者揪着这些所谓的“短处”不放，那么就会让下属员工认为你是一个小肚鸡肠、斤斤计较的领导者。

揭员工的短，对于领导来说，没有什么好处。

1. 总是揭下属员工短处的领导者会让人反感

没有下属员工喜欢和尊重总是爱“揭短”的领导者。实际上，在批评下属员工的时候，领导者要就事论事，做到对事不对人，这样的批评方式才能够得到下属员工的积极回应。

相反，如果领导者总是在“揭短”，在让下属员工觉得反感的同时，也会加剧彼此之间的矛盾，导致今后的沟通变得更加困难。

而领导者“揭短”的行为本身就是非常幼稚的行为，这样的行为对人对己都是百害而无一利的。作为成熟的领导者绝对不应该犯这样的错误。

2. “揭短”的行为不会让下属员工接受你的意见

领导者在批评下属员工的过程中，“揭短”看起来是一种很有效的方式。因为只要你说出对方的“短处”，一般情况下，对方就会三缄其口，表现出理亏的样子。

然而，当你非常痛快地“揭短”之后，下属员工绝对不会接受你的任何意见，甚至单方面切断与你的沟通。再一次面对你的时候，下属员工也许会一言不发，不与你进行任何形式的沟通。

作为领导者必须要明白，批评下属员工的目的是为了让他们改正错误，而不是为了让他们感到沮丧和羞愧。

3. 人人都有“短处”，作为领导者一定要宽容大度，不然就是小人之心

“短处”人人都有，既然如此，身为领导者就必须要宽容大度，不要对下属员工的“短处”揪着不放，每一次批评都要说一遍。“揭短”的行为只会破坏你与下属员工之间良好的互动沟通，并不会起到任何正面的积极作用。同时，在你畅快揭短的时候，更显得小人得志。

从根本上来说，领导者在日常的工作中对下属员工进行批评，也是非常重要的一项工作。但是批评也需要用正确的方式方法，不要只图一时的痛快，不假思索地随便“揭短”。不知道给下属员工留足面子的领导者是非常愚蠢和失败的。

第二节　沟通力就是领导力

作为领导者，如果你的一切发言和计划都没有任何人给予响应和反馈，只能说你的领导力非常糟糕。

而领导力与沟通力之间的关系是非常紧密的。准确地说，沟通能力和你的领导能力呈正比。

有效沟通对于每一个领导者不仅是有效的信息来源，更是发布决策、计划、思想的重要平台。不能够让下属员工心服口服的领导者，是没有办法完成任何工作任务的。在现实工作中，领导者对于下属员工管理的成与

败，都是通过沟通能力实现的。

直观地说，沟通力和领导力就是领导者的左手和右手，无论哪一只手出现了问题，领导者都无法正常工作，甚至无法进行日常的管理。只有当左手和右手的力量均等的时候，领导者才能够正常地工作和管理。

在现实工作中，沟通能够帮助领导者凝聚更强大的力量，能够让下属员工明白，领导者和他们是一个整体，只有彼此通力合作，才会成就事业。

沟通能力不仅能够提高领导能力，还能弥补领导力不足的漏洞，使得你可以轻松地管理下属员工，与下属员工之间形成默契，为了一个共同的目标一起努力奋斗。

总而言之，沟通力提升领导力，领导力使得沟通更加顺畅、有效。所以，领导者在与下属员工沟通的同时，也是在修炼自身的领导力。

与下属常谈心，增强凝聚力

领导者需要与下属员工坐在一起谈心，谈心的益处就是能够令领导者更加深入地了解下属员工。同时，通过谈心领导者还可以凝聚起更大的力量，使得企业和团队都能够不断地提高工作效率，进而获得更加丰厚的回报和利润。

那么，作为领导者的你会与下属员工谈心吗？在每一次谈心的时候，你都能够达到预期的目标吗？

如果没有很好的前期准备，谈心不仅无法增强凝聚力，而且很有可能会破坏现在已经具备的凝聚力。

与下属谈心要掌握一定的原则。

1. 要静心，让下属员工读懂你

对于下属员工来说，很大一部分的烦恼来自于他们不知道领导者究竟在想什么，或者究竟想要什么。所以，领导者在与下属员工谈心的时候，要静下心，让下属员工读懂你，明白你的思想和决策。

谈心的过程就是彼此深入了解对方的过程。你在谈心的时候，要让下属员工知道你的性格、人品、工作和管理的风格。只有如此，下属员工才会与你保持一致，并且更加容易跟随你的脚步。

2. 要觉察，发现下属员工的优势

任何人都有优势，领导者的主要任务就是觉察自己下属的优势。你要相信你的下属员工都是非常优秀的，他们一定会有各自不同的优势。虽然有些优势看起来不是很明显，但是不明显不代表没有优势。

尤其是对那些隐形的优势，领导者一定要通过谈心来觉察。因为不了解下属员工优势的领导者，根本无法获得最基本的工作成绩，想要取得成功就是遥不可及的事情。

3. 要放松，允许不同意见同时存在

既然是谈心，你就必须允许存在不同意见。如果意见完全一致，那么就失去了谈心的意义和价值。如此流于形式的谈心，是在浪费大家的精力和时间。

在下行沟通的时候，领导者一般都会处于沟通的主导地位，特别是在与下属员工谈心的时候，无论是目标、话题，还是方向、尺度都是由领导者掌握和决定的。所以，领导者千万不要对不同的意见嗤之以鼻，甚至严厉呵斥。你不但要接受不同意见，而且还要鼓励不同意见。

4. 要真诚，要形成体制不走过场

所谓谈心就是要用心交谈，彼此都真诚以对，说出自己的心里话。如果领导者与下属员工之间的谈心变成了走过场的“逢迎拍马”，或者“形式关心”，那么还是不要谈心为好，免的浪费大家的精力和时间。

为此，领导者必须让谈心形成体制，用体制来保障谈心的顺利和真诚，用体制提高下属员工的安全感，让他们不会因为害怕而不敢说出真心话。

所以，从现在开始，你要学着定期与下属员工谈心，让彼此都获得更多的有效信息，让这些有效信息在工作中凝聚成最强大的生产力。

率先表明自己的看法

大多数情况下，领导者都会处于下行沟通的主导地位。为了促进下行沟通的有效进行，作为领导者，你必须要率先表明自己的观点和看法。如此一来，你的下属员工才会更加积极地同你进行互动，也不必费尽心思地猜测你究竟在想什么。

准确地说，在沟通中你的看法就是对下属员工的引导，可以确定沟通的基本基调，避免沟通跑题或者方向错误的情况发生。而你的看法在某种程度上代表了企业的观点，下属员工会依照你的看法制定自身的方向，如此一来，就能够做到有的放矢，不仅保证了沟通的有效性，也让下属员工在第一时间看清楚了方向和目标。

有些领导者不愿意先说出自己的看法，他们认为这样做会限制下属员工的创新性，使得下属员工不敢畅所欲言。

其实，这样的想法是不正确的，因为再开放的沟通也必须要有主题，如果作为领导者的你无法让下属员工知道今天沟通的主题，那么下属员工如何才能够传递有效信息，以及明确哪些信息是有效的呢？

由此可见，为了沟通的顺利和有效性，领导者必须先要说出自己的观点和看法，为下属员工定下沟通的主题，以便让下属员工更好地围绕着主题发挥自己的才能。为此，你在表达自己看法和观点的时候，要做到以下几点。

1. 看法要准确而精练

领导者的看法不要啰唆，一定要准确而精练，使得任何阶层的下属员工都能够听得懂，并且可以领会你的全部意思。

如果领导者提供的看法是模糊不清的，甚至是莫名其妙的，那么这样的看法不仅不具有引导作用，还会扰乱下属员工原本的有序沟通。

因此，领导者必须明白，你的看法不仅仅只是一个看法而已，它是下属员工的沟通方向和目标。

2. 看法必须具有代表性

领导者的看法不是个人看法，既然要起到引导沟通的作用，那么就必须具有很高程度的代表性。如果领导者的看法向下属员工传递的信息是高层信息，下属员工会很自然地认为这个看法是企业高层的，而不是领导者个人的。

因此，当领导者说出自己的观点和看法的时候，不要随意地表态，或者“随口说说”，这样做既是对下属员工的不负责任，更是渎职。

3. 只提供看法，不提供思想

领导者表明自己的看法之后，不要过多地阐述自己的思想，你只负责提供看法，而这种看法的具体组成需要下属员工通过沟通逐步完善。

准确地说，领导者只需要告诉下属员工沟通的主题和方向就可以了，

具体的步骤和内容，一定要让下属员工自己完善。只有通过不断地纠正和完善，他们才能真正地获取有效信息，并运用这些有效信息，不断地提高工作质量和效率。

总而言之，领导者的看法是需要最先表明的，一方面可以为沟通限定主题，避免浪费人力、物力、时间；另一方面也能够保障下属员工方向明确，保证沟通的有效性。

下达任务要具体不要抽象

你一定遇到过这样的情况：上级领导在下达任务的时候说得很抽象："我需要的不是这种感觉的东西"或者"具体标准你自己看着办吧"。

这个时候，你一定会有晕头转向的感觉，不知道究竟如何完成工作任务。

那么，当你成为领导者之后，在给下属员工布置工作任务的时候，切记不可以犯以上这样的错误。你在下达任务的时候，要具体不要抽象，要明确不要模糊。如此一来，下属员工不必猜测就知道自己要完成什么样的工作任务。

1. 你需要明确工作任务的完成标准

你在下达任务的时候，一定要让下属员工明白，工作任务做到什么程度才算是彻底完成，什么程度是优秀，什么程度是及格，什么程度是没有完成。

如果你在指示工作的时候，没有明确完成标准，下属员工不仅会没有方向、没有效率地盲目工作，还会影响其他员工的工作质量和进度，因为每一项工作都不是一个员工在执行。

所以，你下达的工作任务一定要明确每一个阶段的完成标准。

2. 你需要告知所有的责任和义务

每一项工作任务都牵扯到不同的责任和义务，在开始工作之前，你要让下属员工明确这些责任和义务。这样做，不但是为了让下属员工更好地完成工作任务，也是在为你日后的监督和验收工作打基础。

明确了责任和义务之后，下属员工才能够在工作中不断地创新，并且在整个工作的过程中不断地发现问题、解决问题，及时地矫正工作中的偏差和错误。如此一来，下属员工才能够真正地拥有自主的权利，在发现和解决问题中真正成长。

3. 工作任务必须具体到人

无论你是通过什么途径下达的工作任务，都必须做到最重要的一点：工作任务具体到人。通俗地说，就是要指定某一个或者某几个下属员工来完成工作任务。

工作任务具体到人的好处就是，不仅下属员工能够做到责任分明，不拖不欠不扯皮，而且在需要本部门或者其他部门人员配合的时候，能够名正言顺，避免浪费人力物力和时间。

事实证明，领导者下达工作时的思路越清楚，下属员工完成工作的效率就越高，而且质量也会更上一层楼。所以，下达任务必须具体。每一句话都要有具体的内容，以及实际的意义，切记不要含糊其词或者表达抽象。在传递给下属员工清晰信息的同时，你所得到的反馈也会是清晰而明确的。

告诉下属：我需要你的反馈

如果在你全情投入、声情并茂地说话时，你的下属员工一脸茫然，或者沉默不语，想必这个时候的你是非常恼火的，你会觉得下属不配合，没

有责任心。

如果只是这样否定下属，你同下属的沟通就无法有效进行了。这个时候你必须先从自身找问题，认真考虑是什么因素让下属员工不愿意反馈以及沟而不通的具体根源是什么。

其实，上面两个问题很容易解决。为了不产生最后沟而不通的结果，你需要做的就是要询问，明白地告诉下属员工，“我需要你的反馈”或者“你现在可以说一说你的具体想法”。

沟通不是在唱独角戏，它是双方或者多方共同支撑的行为，是信息传递和反馈的过程。如果只有传递没有反馈，就无法构成沟通。

所以，为了让下行沟通有效进行，领导者在沟通的时候，要时刻让自己的下属员工知道“我需要你的反馈”，而不能自己滔滔不绝，下属无动于衷，这样你是不会知道他们是否接收了你的信息。这种“有去无回”的形式绝对无法构成有效沟通。

其实，在实际的下行沟通中，大多数的下属员工并不是不愿意做出反馈，而是不知道应不应该做出反馈。他们会想“领导也许不需要我表达意见”。

这个时候，你要做的就是将话说明白，用“你认为呢”“你对这怎么看”来向下属表明“我需要你的反馈，特别是针对我所传递信息的反馈”。在这个过程中，领导者千万不要急于求成，不要只注重反馈本身，而忽视了反馈的质量，导致下属员工的反馈成了走形式的千篇一律。

如果在你要求之下，下属还是没有任何反应，你就要认真地思考一下，你所传递的信息是否能够被下属员工理解并接受？下属员工能不能听明白你的意思？

我遇到一些领导者在下行沟通的时候，喜欢体现自己的与众不同，用了很多专业术语，或者把非常繁杂的信息全部倾倒给下属员工，最后因为职位不同、专业不同，下属员工并不知道上司在表达什么，倒是苦了上司的一番热情。

所以，领导者要不断询问下属有没有听明白，从下属那里得到最真实的反馈。然后，再浅显易懂地表达出来，再询问看法。

总而言之，当下属员工对你传递的信息没有反馈的时候，你需要立刻找到原因，并且及时纠正沟通中的误区，得到下属员工的真实反馈，以此来获得更多的有效信息，这样才能在下行沟通中掌控全局。

与下属沟通，该沉默时要沉默

毋庸置疑，领导者是下行沟通中的绝对主体，整个沟通过程基本上都是由领导者引导的。而下属员工始终处于沟通的附属地位，经常会为了附和领导者的观点和看法，说一些言不由衷的话。

如果领导者满足于这样的下行沟通，那么你永远都无法真正地了解自己的下属员工，而且下属员工也不会愿意跟你说真话。如此一来，你的下行沟通就是失败的，因为你没有传递任何有效信息，也没有获得任何有效信息。因此，在与下属员工沟通的时候，领导者要懂得适度适时沉默的艺术。

那么，领导者应该什么时候沉默，又应该沉默到什么程度呢？

1. 传递完整信息之后，应该沉默到下属员工完全理解之后

当信息传递完整之后，领导者应该保持一段时间的沉默。这段时间是为了让下属员工更好地消化和理解你所传递的信息。

领导者千万不要滔滔不绝地说个不停，并且把自己的全部思想都灌输给下属员工，这样做的结果会导致下属员工完全不用自己思考，只要听你的命令行事就可以了，这样很不利于下属的成长，这样的效果也并不是你想要的。因此，在下属员工理解指令的这段时间里，你应该保持沉默。只

有当下属员工的确遇到了无法理解的地方，你才可以用简单、精练的语言解释一下。

2. 下属员工讨论的时候，领导者应该沉默

对于领导者所传递的信息，下属员工一定会进行讨论，这个时候，领导者需要沉默，认真倾听，而不是忙着阐述、解释。

因为在下属员工讨论的过程中，领导者不仅可以听到针对指令的困惑，而且还可以发现许多需要解释的内容和问题。这些讨论的内容都为下一个阶段的沟通提供了准确而有针对性的信息。

3. 下属员工进行反馈的时候，领导者必须给予下属员工充分的时间

在下属员工进行反馈的时候，领导者需要的不是急于纠正，而是保持沉默。你一定要让下属员工把所有的反馈都说完，经过思考和过滤之后，再说出自己的进一步想法。

如果下属员工在兴致勃勃地进行反馈，而领导者随意打断下属员工的反馈，那么结果就是在打击了下属员工积极性的同时，也使得反馈就此中断。往往当领导者滔滔不绝之后，下属员工已经不想或者不知道该如何进行反馈了。

总而言之，领导者在下行沟通的过程中，该沉默的时候一定要保持沉默，即使需要说话的时候，也不要长篇大论，而要言简意赅。

领导者适度适时的沉默不仅不会让下属员工感到无所适从，反而会让下属员工有充分的思考时间，更好地理解和接受领导者所传递的信息，进而做出相应的反馈。

巧妙调节下属之间的矛盾

无论部门内部的工作氛围多么和谐，下属员工之间都难以避免会产生这样或者那样的矛盾。作为领导者，你必须要及时地调节下属员工之间的矛盾。因为有些看起来并不起眼的小矛盾，如果任其发展，不仅会影响到下属员工的正常工作，而且很可能会成为优秀员工离职的主要原因。

1. 领导者需要全面了解产生矛盾的主要原因，切忌只听取一家之言

凡是产生矛盾就不可能是单方面的问题，作为领导者，你一定要保持冷静的头脑，以及客观的态度，通过全面了解之后，找到真正的矛盾根源。

有些领导者在调节下属员工矛盾的时候，听这一方说，觉得这一方有道理；听那一方说，认为那一方有道理。结果矛盾的根源没有找到，反而把自己绕糊涂了。

为此，你要时刻记住你是领导者，必须要自己思考和判断，否则你永远都无法调节任何矛盾。

2. 不让矛盾的任何一方感到压力，所有的问题最好不要公开

领导者在调节矛盾的过程中，不要给任何一方施加压力，当你发现任何问题的时候，最好不要在第一时间公开，而是在经过认真的调查研究之后，再依情处理。

在调节下属矛盾的时候，最忌讳领导者在没有调查完成之前，就闹得满城风雨、人心惶惶。这种情况下，矛盾双方都会感到很大的压力，这种压力会直接影响到正常的工作，甚至影响到下属员工的生活。因此，领导者需要公开的是完整的信息，而不要任由其他人私下猜测。

3. 不要斥责和公开批评，沟通之后再让矛盾双方面对面

如果矛盾双方的情绪都非常激动，那么领导者最好不要让矛盾双方直接面对面。调节下属员工矛盾的时候，领导者首先要保持冷静和客观，发现问题之后，你不能够成为率先发火的人。

领导者需要分别与矛盾双方进行沟通，解决一些你单方面可以解决的问题。等到矛盾双方的情绪都稳定下来之后，再让他们面对面沟通。在面对面沟通的过程中，领导者应该直接解决核心矛盾，而不要纠缠于一些细枝末节的矛盾中。

4. 领导者必须“一碗水端平”，不偏不倚才能真正调节矛盾

在领导者的心中，下属员工的位置应该是平等的，尤其是在调节矛盾的时候，领导者更加需要“一碗水端平”。

与矛盾双方沟通的过程中，领导者必须保持公平、公开的态度，使得矛盾双方都能够说出自己的心里话。在掌握了矛盾核心之后，领导者就能够轻松地进行调节了。无论在任何情况下，领导者都必须谨记，你是矛盾的调节者，而不是参与者。

看穿隐藏在含糊回答里的真话

下行沟通的时候，下属员工有些回答是含糊其词的，领导者要明白，含糊的回答中一定隐藏着不能够直接说出来的真话。一般情况下，下属员工都会直接说出自己的想法，但是在某些特定的环境下，或者无法直接表达想法的时候，下属员工会用一种含糊其词的方式，向你暗示一些真相。

1. 受到环境的限制，下属员工不能够自由表达时

下属员工处于某种特定的环境时，会受到一定程度的限制。比如，谈判桌上，或者股东大会上等。在这样的环境中，下属员工无法自由地传递信息，那么针对你的问题，下属员工的回答就会变得含混不清。

这个时候，领导者应该体谅下属员工的处境，在认真倾听的基础上，从含糊的回答中找到真正的答案。

2. 受到语言的限制，下属员工无法直接表达时

假如你的问题涉及在场的某一个或者某几个人，那么下属员工是无法畅所欲言的。这个时候，下属员工会用委婉的用词回答你的问题。

而且，针对敏感话题，下属员工也不会直接回答你的问题，比如，你问下属员工关于调薪的问题时，大多数情况下，下属员工都会含糊其词。因为这些问题涉及大多数人的利益，下属员工如果直言不讳，一定会得罪一些同事。

3. 受到职务的限制，下属员工不想越级表达时

有些问题涉及职务的权限，下属员工即使心里清楚答案，也不能够越级表达。实际上，在任何企业中，职务限制都是真实存在的，如果下属员工越级，那么他们将无法正常工作。

因此，领导者必须听懂下属员工的话外之音，并且理解下属员工的真实处境。而不是把下属员工的含糊回答当成耳边风，甚至认为下属员工根本就是不负责任。

4. 分析含糊的回答，找出隐藏的真话

领导者在现实的工作中，每一天都会得到很多含糊其词的回答，也许这些回答让你觉得不仅没有解决问题，反而使问题复杂化了，你会为此十分的恼火。

然而，当你的下属员工没有正面回答问题的时候，你要冷静地分析其中的原因，同时要认真地对待这些有些含糊的回答，因为真实、有效的信息往往就隐藏在这些不明确的回答中。作为领导者，你必须体谅下属员工的处境和难处，经常换位思考才能够在下行沟通中，获得你所需要的有效信息。

总而言之，下属员工的含糊回答并不代表他们不知情、不了解，而是另外一种形式的真话。领导者要有一双看穿表象的慧眼，从含糊中得到清晰，从混乱中看到真相。

妥善处理下属的意见

对于下属员工的意见，你都是如何处理的？是完全忽略不计，还是逐条反馈呢？有些领导者把下属员工的意见看作是一件非常麻烦的事情，他们会认为："下属员工只要好好干活就可以了，哪里来的这么多意见？"

然而，如果领导者无法妥善地处理下属员工的意见，一方面会造成下属员工的不满，使得下属员工再也不会对你说心里话，直接导致下情上达的言路断裂；另一方面也会让领导者进入盲目工作状态，不知道工作任务的进展情况，更不了解自己的下属员工每一天究竟在忙碌什么，从而使得管理工作陷入困境。

那么，如何处理下属员工的意见才算是妥善呢？领导者需要从以下三个方面入手。

1. 有的放矢，及时反馈下属员工的意见

针对下属员工的意见，领导者绝对不能够不理不问，这样做的结果只

会使问题越来越复杂。现实的工作中，每一天都充满了各种各样的问题，而这些问题不会凭空出现，更加不会凭空消失。

因此，下属员工的意见也不会因为你的不理不问，就自动地消失或者解决。实际上，下属员工的意见大多数都是针对某一项具体工作任务的，这些意见基本上都是出现在实际工作中的，所以领导者必须认真对待这些意见，并且进行有针对性的反馈。

2. 言辞恳切，肯定下属员工的意见

无论下属员工的意见是对还是不对，领导者都要及时肯定下属员工对待工作认真负责的态度。因为如果对待工作不认真负责，那么就不会提出任何意见了，只要按照你的工作指示做就可以了。

领导者在处理下属员工意见的时候，要注意措辞得体，尤其是下属员工的意见有偏差的时候，你也不能够直接驳斥或者批评。肯定与纠正相结合，才能够保护下属员工的工作积极性，同时也是为了今后自身的工作打下坚实的基础。

3. 检查监督，督促实施解决意见的具体方案

要想妥善处理下属员工的意见，领导者就不能够脱离现实。对于工作任务的检查和监督，都能够让你获得第一手的资料，以便有的放矢地指导下属员工的工作，以及纠正下属员工的不正确意见。

对于下属员工意见的反馈不能够只是口头上的，正确的意见必须要有具体的实施方案。而实施这些方案的时候，领导者也必须起到检查监督的作用，使得好的意见能够在最短的时间内转化为生产力。

总而言之，下属员工之所以会有意见，正是因为领导者的工作中有可以完善和提高的空间。而领导者妥善处理了下属员工的意见，既保护了下属员工的工作热情，也是对工作、对自身负责任。

对下属不合理的要求说“不”

对于下属员工提出的一些不合理的要求，你都是怎么处理的?

有些领导者为了维持在下属员工中的形象，对于下属员工不合理的要求，都睁一只眼闭一只眼，只要下属员工能够完成工作任务，他们就会做出无原则的让步。

这种没有原则的处理方法是极不可取的，领导者面对下属员工的不合理要求，不仅要说“不”，而且要说出拒绝的原因，使得下属员工认识到自己的错误，避免下一次，或者其他下属员工再犯类似的错误。

1. 面对面说“不”，并且讲明利害关系

最直接的方式就是面对面说“不”，并且向下属员工讲明利害关系，让下属员工明白究竟错在哪里。这样的直接方式适用于新员工，尤其是刚刚毕业的大学生，直言不讳的目的就是为了让下属员工记住“你的这个要求是不合理的”。

面对面说“不”的时候，最好不要选择公开场合，可以选择在你的办公室，只有你和下属员工两个人的情况下。这样做一方面是为了给下属员工留足面子；另一方面也不会使你的工作陷入被动。

2. 先分析，后说“不”，让下属员工自己撤回不合理要求

对于企业的老员工，或者做出过突出贡献的下属员工，领导者就需要用比较迂回的方式说“不”。

为此，你应该和下属员工坐下来，平心静气地针对他的不合理要求进行讨论和分析，抽丝剥茧地把其中的道理以及企业的制度与下属员工说清楚。

最好的沟通结果就是让下属员工自己撤回不合理的要求，如此一来，既不损伤下属员工的自尊心，也能够树立起你的形象和威信。实际上，大多数下属员工还是通情达理的，一旦认识到了自己的要求并不合理，他们会愿意主动撤回。

3. 敲山震虎，起到警告其他员工的作用

针对那些不听劝告、屡教不改的下属员工，领导者说“不”的态度要强硬一些。尤其对那些对其他员工起到不良示范作用的人，就一定要公开说“不”，起到敲山震虎的警告作用。

有些下属员工明明知道自己的要求是不合理的，但是依仗着自己的“老资格”“有贡献”，就希望能够得到领导者的格外照顾。对于这一部分下属员工，领导者还是应该以教育、说服为主。当教育、说服没有任何效果的时候，就需要强硬地说“不”，并且要公开地说“不”，以此来警告其他的员工，不要提出类似的不合理要求。

领导者对于下属员工的不合理要求必须说“不”，然而，在如何说“不”的方式上，还需要进一步的区别对待。

“非你莫属”，激发下属干劲

在激发下属员工干劲的时候，领导者会采取不同的激励措施。失败的领导者会站起来喊口号，并且让下属员工跟着喊口号，那么当口号喊完之后，还是不能够激发出下属员工的干劲；而成功的领导者不必喊口号，只是让每一个下属员工相信，这一项工作任务是“非你莫属”的，并且深信“没有任何人会做得比你好”。

1. 为下属员工“量身定做”的职业规划

对于下属员工来说，什么才是最重要的？

最重要的当然是职业前景。

为了让下属员工目标明确地实现职业前景，领导者应该为下属员工“量身定做”一套切实可行的职业规划。从理论上来说，没有专业的职业规划，再美好的职业前景也只是空中楼阁。

因此，领导者需要针对下属员工的特质，为其打造具有专业品质的职业规划，使得下属员工感受到企业的关心和诚意，以此来激发下属员工的干劲。试想一下，如果你的工作有美好的前景，也有实现前景的具体规划，那么你怎么可能没有干劲？

2. 为下属员工找到并巩固自身优势

领导者必须相信自己下属员工的能力，而且要帮助下属员工找到并巩固自身的优势，使得优势能够实现从量到质的飞跃。

俗话说：“一招鲜吃遍天。”由此可见，优势不用太多，只要有三四个非常明显而突出的优势就能够成就一番事业。

对于领导者来说，每一个下属员工都是不一样的，你最重要的任务就是让下属员工认识到自身与众不同的优势，并且不断地完善这种优势，不仅让优势得以充分的发挥，而且还要通过优势挖掘出自身更多的潜在能量。

3. 为下属员工排除障碍，帮助他们顺利完成工作任务

下属员工在完成工作任务的过程中，一定会遇到这样或者那样的障碍。作为领导者，你应该协助下属员工排除这些障碍，增加下属员工的自信心，同时也激发出下属员工更加强大的干劲。

在实际工作中，当下属员工遇到障碍的时候，你应该马上思考应对策略，但是不要急于把办法说出来。如果障碍是下属员工无法克服的，那么你就要及时地出手相助。相反，你就要沉住气，看下属员工如何排除障碍。

要想让下属员工相信自身的“非你莫属”，领导者就必须要针对下属员工的特质，安排一些专属的策略。当下属员工在确认自身“非你莫属”的特性之后，他们就会认为“这项工作我必须负责到底”或者“这么困难的工作当然是由我来做”。

当众讲话的魅力会影响下属的士气

领导者在公开场合的讲话魅力，会直接影响到下属员工的士气。

如果你的上级领导是一个毫无讲话魅力的人，那么你一定不喜欢听他的演讲，而且也会在关键时刻直接忽略他的鼓舞和激励。

因此，你要做一个具有当众讲话魅力的领导者。一方面你可以用当众讲话的魅力激励下属员工的士气；另一方面你也可以在下属员工中树立良好的形象和威信，使得下属员工不仅佩服你的工作能力，而且也敬佩你的讲话魅力。

1. 与沟通相结合，具有强大鼓动力

领导者必须明白，即使是当众讲话也不是一个人的“独角戏”，你必须把当众讲话和沟通相结合，使得两者都能够发挥自身的魅力和作用。如此一来，你的当众讲话就会具有非常强大的鼓动力，在提高下属员工士气的同时，也能够树立自身的威信。

在领导者当众讲话的时候，下属员工会用仰视的目光看待领导者，并且希望从领导者那里得到启示和力量，以此为基础，使得今后的工作能够

更上一层楼。因此，你当众讲话必须是丰富而充实的，切记不要讲大道理，喊空头口号。

2. 语言生动鲜明，听起来振聋发聩

既然要调动下属员工的士气，那么领导者的语言就要生动鲜活，使人有跃跃欲试的感受。而不能语言平平，寡淡而乏味，让听你讲话的下属员工都昏昏欲睡。语言不仅要具有鼓动性，而且更要具有穿透人心的力量。

要想做到这一点，就要求你在平时经常与下属员工交谈、沟通，明白怎样的语言才能够打动他们，才可以使得他们积极进取、一路向前。

总之，只有说中下属员工心里的话，才具有振聋发聩的作用。

3. 形成巨大向心力，成为下属员工心目中的理想领导者

领导者当众讲话就不是针对几个下属员工，而是针对整个部门或者企业的员工，那么你就必须用语言来形成巨大的向心力，使得下属员工都愿意听你说，并且认为你说的对。如此一来，你才能够达到预期的目标，有效地传递你的信息、指令、理念。

实际上，拥有当众讲话魅力的领导者，都是下属员工心目中的成功者。因为你不仅具有很强大的领导能力，而且还能够带领更多的人一起去实现企业的目标。最重要的是，你让下属员工相信你、相信企业、相信未来。

毋庸置疑，当你开口讲话的时候，所有的人都聚精会神地听，所有的下属员工都愿意跟随你，那么如此有魅力的领导者，一定会最大限度地提高下属员工的士气。

第四章

平行沟通：面子+配合

平行沟通是指企业内部平级之间为了完成工作而做的相关交流。在实际工作中，平行不仅可以简化部门之间合作的手续，节省人力、物力、时间，而且能够提高工作效率，完成更多具有一定难度的工作任务。

准确地说，平行沟通是将企业形成一体的重要沟通手段。平行沟通在使得企业各部门之间减少冲突、加强合作的基础上，更加可以纠正部门的本位主义，培养部门的整体观念。除此之外，平行沟通也是各部门员工之间彼此了解的重要渠道。

然而，要想实现平行沟通却不是一件容易做的工作，在平行沟通的过程中，你要面对非常大的压力和障碍，比如，部门之间的利益冲突、部门内部的本位主义，还有对权力的明争暗斗等。

因此，我们在职场上进行平行沟通的时候，要掌握沟通的技巧，要讲究面子，注重配合，这样才能促进沟通的有效进行。

第一节 跨越平行沟通的障碍

平行沟通障碍多多，要想跨越这些平行沟通的障碍，你就必须学习如何平衡各种各样的关系和权利、责任。与其说平行沟通是企业内部平级之间的沟通方式，不如说是考验一个人沟通能力的最好方式。

从客观的角度来看，平行沟通有优势也有劣势，对于有些部门的不合作，甚至是互相扯皮的现象，平行沟通显得底气不足。

为了促进平行沟通的有效进行，我们要做的第一步，就是学着跨越这些障碍。

部门间的利益冲突

在企业中，每一个部门都有自己的作用和利益。由于所承担的工作任务不同，所要负担的责任也是不同的，因此，企业的部门之间很容易产生利益的冲突，使得部门之间的合作变得举步维艰。

准确地说，部门之间存在着根本的利益不同，尤其是在完成同一项工作任务的时候，很有可能会出现一个部门获得利益，而另一个部门损失利益的情况。

当平行沟通过程中，部门之间发生了利益冲突，你应该怎么处理呢？

1. 主动沟通，告知对方本部门的底线

利益冲突是部门之间很难消除的沟通障碍。

在部门之间的利益冲突不可避免的情况下，作为部门领导者，你必须要做到主动沟通，不能够对方不沟通，你也听之任之、不理不问。如果长

时间如此扯皮下去，损失的就不是部门的利益了，而是企业的利益。

这个时候，你要主动地将自己部门的底线告知对方，使得对方部门清楚，怎样做能够不触碰你的底线，而在你的底线范围之内，都是你可以接受的原则和方案。

2. 共赢为主，寻找利益冲突的平衡点

任何一种冲突都会有主要冲突和次要冲突，利益冲突也不例外。要想平衡部门之间的利益冲突，你就必须先分清楚主要冲突和次要冲突。以此作为基础，双方部门可以冷静地沟通、交流，毕竟双方还要继续合作完成工作项目。你要与对方部门一起商讨，找到一个利益冲突的平衡点。凡事没有不能商量的，更何况，你与对方部门的利益说到底也都是企业利益的一部分。

3. 积极协作，琐碎的工作可以多做一些

琐碎的工作无人做也是构成部门之间利益冲突的原因之一。

现代企业中，每一个员工都有自己的工作要做，每一个人的时间都很宝贵，无缘无故地增加工作量，不仅会让下属员工怨声载道，也会影响到部门的正常工作。因此，如果你无法妥善解决这些问题，部门之间的合作就会流于形式，而且利益冲突也无法得到更好的解决。

在这种情况下，你就要从中积极协作，有些琐碎的事情你可以多做一些，不要让无关紧要的工作耽误了正常的进度。

综上所述，既然部门之间有些利益冲突是无法避免的，那么你就要本着谦让体谅的原则，使得对方在充分了解你沟通诚意的基础上，使利益冲突最小化，降低因为利益冲突而带来的损失。

过高地看重自己部门的价值

企业的每一个部门都有自己存在的独特价值，而有些领导者会过高地看重自己部门的价值，进而看轻其他部门的价值，认为只有自己的部门才是最重要的，甚至会认为其他的部门是可有可无的。

在平行沟通的过程中，你必须认识到，企业中任何部门都是平等的，没有哪一个部门是万能的。过高地看重自己部门的价值，只能让你在与其他部门合作的时候，处于非常尴尬的位置，无法进一步争取主动，也无法退一步友好协商。

1. 就事论事，要有纵观大局的智慧

在部门之间的平行沟通中，有时候你的部门是沟通主体，有时候你的部门是沟通附属。无论哪种情况，作为部门领导者，都需要及时地调整心态，就事论事才是你必须具备的大智慧。

有些领导者一味地强调本部门的重要性，似乎必须要压倒所有的部门才甘心。这样的领导者不仅无法在平行沟通中获得有效信息，也不会带出优质的团队。

2. 合理争取，利用一切手段提升部门价值

作为部门领导者，你当然要懂得如何为本部门争取合理利益。在平行沟通的过程中，你需要利用一切可以表现的手段，不断地提高本部门在企业中的价值。

在实际的工作中，不是你的部门没做到，而是没有将本部门的真正实力展现出来。而部门之间的合作正是你展现本部门实力的好机会，你要抓住每一个机会，让企业高层认同你部门的价值。

3. 冷静客观，不盲目夸大本部门价值

平行沟通中，每一个部门都会强调自身的价值，越是这个时候，你越是要保持冷静客观的态度，不盲目夸大，也不无谓缩小本部门的真实价值。

冷静地分析本部门目前的处境，以及客观地评价本部门在这一次的平行沟通中所占据的位置，这样做的目的就在于你必须把本部门放在一个合情合理的位置，才能够保证本部门获得更加合理的利益。

4. 谦虚谨慎，不要把自大当成自信

即使你的部门是本次平行沟通中的主体，你也不要盲目自大，觉得全部的工作都是你一个部门完成的。任何时候，谦虚谨慎都是非常受到欢迎的优良品质。

你需要记住，你不仅仅是代表个人，更是代表整个部门。你在言行上的缺失，会让整个部门在企业中沦为笑柄。因此，在正确认识本部门价值的同时，你也要能够重新评估自身的真实价值。

综上所述，过高地看重自己部门的价值，是平行沟通的主要障碍之一。如果你无法跨越这个障碍，你就无法参与到正常的平行沟通中，你的部门在成为不好合作的部门的同时，也会相应地降低原本的价值。

因此，部门的真正价值不是你决定的，而是用事实来说话的。

没有权力的支撑

平行沟通中最大的障碍就是没有权力的支撑，每一个部门都是平行的关系，而没有上下级的隶属关系，这就意味着，每一件事情都必须协商解决，而不能动用行政手段或者权力解决。

大多数情况下，彼此合作的部门还是可以通过协商解决问题的。然而，一旦有一个部门不合作，那其他部门的工作进度就会被拖后，从而导致整个工作任务无法完成。对于这个不合作的部门，其他部门除了积极沟通之外，没有任何更好的解决方式。

究其根本，正是因为在平行沟通中，没有任何一个部门有权力管理或者领导另一个部门。要想跨越没有权利支撑的障碍，你必须要做出以下五个方面的努力。

1. 利益当头，晓以利害

平行沟通的过程中，虽然每一个部门都有属于自身的利益，但是合作的过程中，更多的是属于所有参与部门的利益。对于这样的公众利益，再不合作的部门都是要考虑一下的。

面对不合作的部门，你要对其说明公众利益当中也包括了对方部门的利益，因此，为了公众利益，更是为了部门的利益，对方部门必须配合其他部门的工作。

2. 拒绝扯皮，就地解决

当平行沟通中出现扯皮现象的时候，你要更加积极地沟通，无论牵扯到哪些部门，你都必须马上解决这个问题，不能够任由问题搁置，而无人处理。

如果扯皮问题被搁置，后果就会波及所有的合作部门，使得每一个部门都无法正常地工作。因此，哪几个部门之间扯皮，就必须面对面地立刻解决。

3. 如有问题，必须面对

任何扯皮、推诿的不负责任情况，都必须扼杀在萌芽阶段，尤其是在你可以控制和管理的范围当中，这种不良的情况绝对不允许发生。

假如问题出现在你的部门，你必须在第一时间着手调查，并且拿出解决问题的具体方案，进而监督方案的实施，直至最终圆满地解决问题。

4. 绝不推诿，有话直说

没有权力支撑的平行沟通中，非常容易出现互相推诿的情况。而你作为部门领导者，就必须从自身做起，拒绝任何形式的推诿，有问题要解决，有话直说，就事论事。

有些领导者认为，大家都是平级的同事，许多话不好意思说，很多事情反正轮不到我管。这种想法是造成推诿的主要原因之一，因此你必须直接面对问题，做到不推诿、不回避。

5. 肺腑之言，只为工作

虽然在没有权力支撑的情况下，平行沟通中的一些情况让你感到无可奈何，但是无论面对任何部门，你都必须实话实说，使得对方部门明白你的肺腑之言只是为了工作，而绝对没有任何工作之外的企图。

总认为自己有道理，沟通对象没理

在平行沟通过程中，每一个参与沟通的人，无论从资历和经验上，还是从职务和思维上都非常相近。简单地说，没有谁是绝对的榜样级别的人物，因此就会出现谁都无法说服谁的情况。

当面对一个争论的时候，大部分参与平行沟通的人都会认为道理是站在自己这一边的，而不对的一定是沟通对象。这是一种在平行沟通的过程中很常见的心理状态。然而对于工作任务来说，这是一个极其不正常的心理状态，因为在谁都无法说服谁的情况下，很多决策无法出台，很多意见

只能暂时搁置，最终导致工作任务无法正常进行。

要想跨越总是自认为有道理，而其他人都没有道理的平行沟通障碍，你必须先从自身做起，纠正自己的几个错误理念。

1. 本位主义，自己的利益最重要

无论任何事情都从自身利益出发，在平行沟通的过程中，只为本部门的利益考虑，而根本不顾及其他部门和企业的利益，这种行为是典型的本位主义。

任何领导者都不能存在本位主义的错误思想。因为本位主义不仅把你隔绝在平行沟通之外，而且还会严重地伤害到企业和其他部门的利益。

2. 不知谦虚，自己的经验最正确

相信自己的经验是没有错的，但是如果你只相信自己的经验，且认为只有自己的经验最正确，那么你在平行沟通中就很难获得有效信息，同时还会传递出一些错误的信息。

从平行沟通的角度来看，你愿意分享自己的经验是非常好的事情，但是你要有客观的态度和心理，如果有人对你的经验提出意见和质疑，那么你必须抱着平和的心态加以接受。

3. 不懂体谅，自己才是最辛苦的人

所有参与合作的部门都很辛苦，不是只有你的部门做出了努力。实际上，只有你一个部门的努力是无法完成工作的，因此你不是最辛苦的人，你必须懂得体谅其他部门的人。

在平行沟通的过程中，领导者最忌讳摆出一副劳苦功高的样子，认为最累、最重要的工作都是本部门完成的，其他的部门完全是在跑龙套。这样的想法和做法不仅会引来员工普遍的反感，更加会破坏企业内部的和谐

和团结。

4. 不愿意合作，完全是耽误自己的时间

既然道理都是你的对，那么你就没有必要与任何人合作，你认为与其他部门的合作完全是在浪费你的时间。如此自私自利的想法，在使你面目可憎的同时，也会使你失去很多获得有效信息的机会，因为没有任何人会喜欢与你沟通。

由此可见，你必须对自身的价值、经验、利益，包括职务都要有正确的态度和认识，不要浮夸而要踏实，不要自以为是而要脚踏实地。

第二节　积极沟通，以大局为重

当你在进行平行沟通的时候，首先要解决的问题是“你在为谁工作?”无论是哪一个部门都是企业的部门，完成的都是企业的工作任务，争取的都是企业的经济利益。这一点就是你进行平行沟通最重要的基础。

因此，在平行沟通的过程中，作为沟通的主体就必须以大局为重，不要斤斤计较个人的得失荣辱。

然而，只以大局为重而不讲究策略，沟通也无法有效进行。

在本节中，主要介绍平行沟通中的小技巧，让你在不损害全局利益的基础上，将个人利益的损失降到最小，完成沟通。

无论是哪个部门的事，都是企业的事

部门是企业的部门，利益是企业的利益，无论是哪一个部门的事情，究其根本都是企业的事情。因此，作为领导者，你必须以企业的利益为第

一位，无论出现任何情况，都要先保证企业的根本利益。

1. 企业是一切利益的源头，有企业才会有部门的存在

古语有云：“皮之不存，毛将焉附。”很多人都明白这个道理，然而，在平行沟通的过程中，总是会有一些部门为了自身的利益而伤害企业的利益。实际上，企业是一切利益的源头，而部门只是企业的组成部分，企业如果不能够继续生存，那么部门要如何存在下去呢?

由此可见，只有在企业利益得到保障的同时，部门才能够获得更多的合理利益。面对眼前利益的时候，你必须要有从企业全局观察的能力，只有企业能够顺利地发展壮大，才是部门真正的长远利益。

2. 无论出于何种情况，企业是所有部门最终的利益归宿

部门所有的利益最终都必须归于企业，因此即使部门眼前的利益受到损失，也要保证企业的完整利益。这样做的目的就是保证部门的长远利益，而不是既得利益。如果你是一个有眼光、有抱负的部门领导者，你就应该明白，企业才是部门的利益归宿。

在现实工作中，你一切的努力和奋斗，都是为了保证企业的发展，只有企业站在更高一层的台阶上，你的部门才能够赢得更好的发展，你和你的下属员工才会拥有更好的职业前途。

3. 冲突、推诿、拖延损失的都是企业，而直接影响的则是部门

平行沟通的过程中，一切的人为障碍损失的都是企业，影响的都是部门。企业和部门是两个完全不能分割的共同体，如果你无法认识到这一点，那么你和你的下属员工所有的努力都会变成无用功。

如果在平行沟通中，每一个部门都能够站在企业的角度考虑问题，那么就不会出现任何冲突、推诿、拖延的矛盾和问题了。当然，不能够要求

每一个部门领导者都能够高瞻远瞩，但至少在出现问题的时候，应该最先考虑到企业的利益。

4. 保护企业才是真正的保护部门，企业的发展才是部门的未来

企业是由很多部门组成的，每一个部门都对企业的未来发展起到非常重要的作用。同时，企业也会为每一个部门、每一个员工的发展提供优良的资源，以及更高、更好的发展平台。如此一来，企业与部门、员工之间就会被紧密地联系在一起，一荣俱荣，一损俱损。

综上所述，当你在平行沟通中遇到难题的时候，当你对面前的困难感到无可奈何的时候，你都应该最先想到企业的需求和利益。你是企业的一分子，那么就必须要对企业负责任，而企业也会用美好的职业前途来回报你的各种努力和奋斗。

要想获得支持，先给足对方面子

平行沟通之所以会出现诸多的障碍，正是因为平行沟通的各个部门都在同一个行政级别上，无论是职务还是经验都是平等的。支持谁或者不支持谁，完全要靠个人的魅力，以及部门之间的互动关系。如果你想要获得更多人的支持，那么你首先要懂得如何给足对方面子。

实际上，在平行沟通的过程中，获得的支持越多，你的计划和方案就越容易实现。如果你能够获得大多数人的支持，那么在完成工作任务的过程中，多的就是助力而不是阻力。因此，赢得支持是你在平行沟通中必须学会的重要技巧。

然而，如何给足对方面子也是一门学问，既不能够做得太明显，也不能够表现得很做作。无论是语言还是态度，都必须让对方感受到你的诚意，否则对方很可能会不领你的情。

1. 觉察对方的需求，对症下药才能够见成效

在平行沟通的过程中，你需要冷静地觉察和分析对方的需求，只有掌握了对方真正的需求，你才能够有的放矢。简单地说，对方需要什么，你就给什么，如此一来，不仅给了对方面子，而且也解决了对方的困难。

敏锐的观察力一直是领导者必须具备的专业技能之一，在平行沟通中更是如此，不要总是侃侃而谈，该沉默的时候沉默，该觉察的时候觉察。

2. 适度的帮衬，在对方最需要的时候说话

平行沟通中会产生很多矛盾，也许你不是矛盾的主体，但是如果你能够在适当的时候为对方说话，以解决对方的困难，那么对方绝对会非常感谢你。

在帮衬对方的时候，一方面你需要量力而行，千万不要强出头；另一方面也要帮衬得恰到好处，否则就会出现反效果。

3. 坚持原则，给面子也要有分寸

你的心里一定要有属于自己的做事原则，这些原则都是你必须遵守的。即使为了得到对方的支持，在给足对方面子的时候，你也不能够做一些无原则的事情。

准确地说，面子是要给的，但是如果触及原则问题，那么谁的面子都是不能给的。实际上，一旦对方认定你是一个能够坚持原则的人，那么对方会更加愿意支持你。

4. 始终如一，真诚相待更要彼此支持

通俗地说，就是不可以“用人朝前，不用人朝后”。有些领导者在获得支持之前和获得支持之后判若两人，这样做不仅是在自毁形象，而且以后也不会有人愿意支持你。

因此，在给足对方面子的时候，你也需要从内心赞同对方的为人处世，这种事情是无法假装的。在平行沟通的过程中，彼此欣赏才能够真诚相待，彼此支持。

多倾听，少说话

无论你面对的是谁，或者处于怎样的环境当中，多倾听都会让你获得一些其他人不知道的信息，而少说话则会让你处于“进可攻，退可守”的不败之地。因此，多倾听，少说话不仅是沟通之道，更是为人处世之道。

然而，凡事都有一个“度”，太过或不及都不能够达到你想要的效果。在平行沟通的过程中，多倾听的同时也需要适度地表达自己的观点，传递自己的信息，否则沟通就不会成立。而少说话也要适度，否则你一直在沟通中保持沉默，会得到一些负面效果。

1. 多倾听不等于只倾听，不要做沟通的旁观者

在平行沟通中，你不要总是在倾听，倾听的目的是更好地掌握沟通情况，在获得足够的有效信息之后，你也要参与到沟通之中，千万不能只做沟通的旁观者。

多倾听是为了更多的了解，而不是要你一直保持沉默。实际上，沟通的旁观者是无法获得支持和信任的，你需要积极地参与到沟通的主题中，传递并接收各种有效信息。

2. 少说话不等于不说话，发表观点时要准确、坚定

少说话的目的是让你避免“言多必失”的尴尬，但是如果你在沟通中一言不发，那么你的沟通是完全无法成立的，而且你会错过更多的表达自

己的机会。

在你表达自己的观点，传递信息的时候，不要啰唆和反复，观点要准确而坚定，让对方认为你是经过深思熟虑的，即使对方有不同的看法，也会经过思考再来反驳你。

3. 会倾听才会沟通，把对方的话听完并理解

在平行沟通中多倾听，不仅要把对方的话听完，而且要经过思考，在彻底理解对方意思的基础上，再给对方反馈。如此一来，你在沟通中就会减少失误、误解，而多一些理性和智慧。

俗语说："会听才会说。"你的倾听不是为了单纯地听，而是为了能够更好地传递和接收有效信息。因此，你在听的同时也要运用你的聪明才智。

4. 言简意赅地表达，能够起到画龙点睛的作用

少说话的意思是要你尽量言简意赅，在平行沟通中越是简单的语言，越具有真正的影响力。因为简单的语言是高度的浓缩和概括，只要你开口说话就必须是"一语中的"。

高度概括出的语言，往往具有画龙点睛的作用，使得对方能够在一瞬间得到很多有效的信息，并且能够引起对方的思考。这样的沟通一直都是最受欢迎的，因为对方不仅能够获得需求，而且还能够开阔眼界和思路。

总而言之，多倾听少说话的人总是在平行沟通中最具有魅力的人，与这样的人沟通是一件非常愉快而受益的事情。如果你想成为如此有魅力的人，那么就要在平行沟通中学会倾听，也学会说话。

不要急于指出对方的错误

你一定有过这样的经历：在平行沟通中，你的话还没有讲完，就会有人高声地打断你“你的观点不对，应该是……”或者“你说错了，应该是……”，然后这个人会绘声绘色地纠正你的错误，而且还扬扬得意地对你笑。

我相信，大多数人都是讨厌这种人的，总是急于纠正对方的错误，为的是要好好地炫耀自己，这样的人是不会受到欢迎的。

所以，你千万不要成为这种人。在平行沟通的过程中，无论是谁的错误，你都不要急着去纠正。要想指出对方的错误，你必须选择一个合适的时机，在一个合适的环境中，用合适的语言来纠正对方。

1. 不可急切，必须懂得“欲速则不达”的道理

尤其是对待自己的熟人和朋友，你经常会特别着急地纠正他们的错误。但是在平行沟通中，你必须考虑到对方的面子问题。因此不可急切地、不加考虑地纠正对方的错误。

实际上，谁都知道“欲速则不达”，但是真正能够避免的人却很少。从沟通的角度来看，纠正对方的错误不但不能够急切，而且还要你耐心地寻找一个适当的时机。

2. 不可炫耀，谦虚才能够让对方更好地接受你的纠正

你为什么要指出对方的错误呢？是为了让对方不再犯同样的错误，还是为了炫耀自己比对方懂得多？

如果是前者，那么你更没有必要着急了。如果是后者，那么对方不但不会感谢你，还会对你的行为产生严重的反感。

由此可见，你必须用谦虚的态度指出对方的错误，只有你的谦虚才能够让对方感到舒服，才会心甘情愿地接受你的纠正，并且认为你是希望他好的。

3. 不可口无遮拦，切记不能够到处宣扬

当你纠正对方的错误之后，不要把这件事情挂在嘴边，有机会就和其他人说一说，言下之意就是：“你看我是一个非常靠谱的人，我都没有……”

你的这种到处宣扬的行为，要比炫耀自己的行为更加令人厌恶。实际上，既然你发现了对方的错误，你就应该理所当然地指出来，这是你分内的事情。

4. 不可自满，纠正对方的错误不代表你没有错误

不要觉得你纠正过其他人的错误，你就可以自得意满了。也许你不会犯与其他人同样的错误，但是你还是会犯别的错误。即使是被你指出错误的人，也会有许多你需要学习的优点。

简单地说，任何人都会犯错误，你完全没有必要为了能够指出其他人的错误而自满。因为你要面对的是更多的困难和难题，你需要有“学无止境”的精神。

总而言之，不要急于指出对方的错误，一方面是为了不伤害对方的自尊心，另一方面也是为了让自己懂得谦虚。

“随便”有时候最伤人

在平行沟通的过程中，当你很热情地征求对方意见的时候，如果对方只是说一句“随便”，那么你的热情就会从100℃，一瞬间降低到0℃。

还有一种情况，当你非常慎重地考虑对方的意见时，对方跟你说：

"别在意，我只是随便一说。"这个时候，很多人都会觉得难受。

由此可见，"随便"两个字虽然很简单，但是如果你运用得不好就会非常伤人。因此，无论从语言上、态度上、心理上，你都不能够是一个"随便"的人。否则，你在失去更多支持的同时，也会让更多的人排斥你。

在现实的工作中，你必须注意自己的言行举止，千万不可以"随便"。

1. 对于任何人、任何事都不要说"随便"

在平行沟通的过程中，因为人多，琐碎的事情也多，有些时候你会觉得应接不暇，所以对有些人、有些事情会张口就说"随便"。

也许你并没有意识到，当你说"随便"的时候，打击的不仅仅是对方的热情，也会极大地降低你的沟通诚信，使得对方不再信任你。

2. 态度必须诚恳，杜绝"随便"表态

平行沟通的时候，很多事情都需要你表明态度，而无论你当时有多么忙碌，你都不能够"随便"表态。

也许你觉得有些事情与你关系不大，"随便"表态也没什么，但是所有的事情都是相互关联的，你的"随便"表态迟早会让你吃大亏。

3. 语言必须深思，绝对不能"随便"一说

俗语说："小和尚念经——有口无心。"但是你绝对不能做"有口无心"的"小和尚"，因为你的"随便"一说，也许会引起很多不必要的麻烦。

准确地说，在职场中就没有可以"随便"一说的事情，你要对你所说的每一句话负责任，这是作为领导者必须具备的品质。

4. 行为必须三思，切记小处也不可“随便”

平行沟通中，你的任何行为都必须要三思而行，无论是决策的大事，还是平时琐碎的小事，你都不能有任何“随便”的行为。

行为上的“随便”是很不好的习惯，不拘泥于小节对于领导者来说也是非常严重的缺点。既然你已经是领导者了，就必须时时刻刻地注意自身的形象。

5. “随便”伤人误己，你必须不再“随便”

无论是从言行举止上，还是从语言表达上，作为领导者你都不应该说出“随便”这两个字，或者表现出“随便”的样子。

“随便”是不慎重、不负责任的表现，如果你不想给其他人留下一个“随便”的形象，那么你就必须保持慎重负责的做人、做事的风格。

适时地“装傻充愣”

由于平行沟通的特殊性，有些时候你一定要懂得适时地“装傻充愣”，当你面对错综复杂的人际关系，以及很多无法说清楚的琐碎事情时，适度适时地表达“不知道”或者“不清楚”，不仅可以缓解自身的压力，也可以缓解紧张的气氛。

“装傻充愣”的目的有两个：第一，让你避其锋芒，很多人在职场中是锋芒毕露的，锋芒毕露很容易得罪人。

第二，让你获得良好的人际关系。大多数时候，你只要做到心中有数就可以了，没有必要让所有的人都知道，或者把你的聪明表现给其他人看。你必须明白，太过聪明或许会反被聪明误。

那么，你要如何做才能够适时地“装傻充愣”呢？

遵守以下几个原则，你就可以“装糊涂”了。

1. 心中有数比嘴上有数重要

平行沟通的时候，你注意到总是滔滔不绝的那一个人了吗？似乎全企业的人事都归他管，企业中就没有他不知道的事情，这样的人就是嘴上有数的人，而这样的人是非常不讨喜的。

你不需要嘴上有数，而只需要心中有数。身边的人和事究竟是怎样的来龙去脉，你的心里一定要清楚，但是不要把这些都挂在嘴上。

2. 适度装傻比炫耀聪明重要

不是每一件事情都需要你表现得聪明，适度的装傻在降低自身压力的同时，也能够向对方传递一个信息，“我不想与你争”或者“我无心与你争夺什么”。

准确地说，挂在脸上的聪明不是真聪明，而能够隐藏的聪明才是真聪明。因此，你必须做到该装傻的时候装傻，该聪明的时候聪明。

3. 锋芒在心比锋芒毕露重要

平行沟通中，没有一个人是等闲之辈，而在众多的人才面前，你最好把锋芒和抱负都放在心里，千万不要成为众矢之的。

准确地说，平行沟通中的每一个人都是企业的精英，而精英多的地方是非也多，你是来沟通和工作的，而不是来与其他人斗法的，因此你的锋芒完全可以只放在心里。

4. 装糊涂比真天真重要

很多事情都不是你一个人可以决定的，所有的工作也不是你一个人可以完成的，当你装糊涂的时候，就是给其他人表现的机会。

然而，你可以装糊涂，却不能够真天真。装糊涂的时候，你知道自己在做什么，而真天真的时候，你不知道自己在做什么，两者的区别可以说是天差地别的。

总而言之，适时地“装傻充愣”不仅可以帮助你渡过一些人际关系的难关，也可以让你更好地融入到平行沟通中，在与众多精英的竞争中生存下来。

没有你，我怎么能做得这么好

职场中，很多工作都不是一个人可以完成的，任何利益也不是一个人能够赢得的。因此在工作中你要有搭档和伙伴。

一般情况下，平行沟通都会发生在部门和部门之间，与你一起完成工作任务的同事，基本上都是你的同级，或者是你的下属。无论是同级还是下属都需要被认同，那么你就不能够吝啬自己的赞美，告诉他们“没有你，我不可能做得这么好”。

要想在平行沟通的过程中，获得更多的支持和有效信息，那么你就要随时肯定同事的工作，不要总是吝啬于赞美，不愿意说一些认同同事的话。

1. 真诚第一，不要说一些言不由衷的赞美之词

赞美同事最大的忌讳是：言不由衷。既然你要赞美就必须是发自内心的，如果你没有认同同事的优秀，那么你还是保持沉默比较好，因为赞美必须从真诚开始。

真诚地赞美同事的工作成绩，使同事获得应该有的欣赏，这是你必须在平行沟通中做的事情，而真诚是来不得半点虚假的。

2. 感谢为主，有你有我才能够获得最佳的工作结果

因为有了同事的聪明才智，你才能够取得一些工作上的成绩，因此你要真心地感谢同事，特别应该在平行沟通的公开场合中毫无保留地感谢同事。

我相信没有一个人不喜欢获得赞美，尤其是真诚而公开的感谢，更是能够让人感到愉快的。同时，感谢也会为你自己树立良好的形象，让其他人都知道，你是一个懂得感恩的人。

3. 彼此合作，集合部门的优势才是发展的硬道理

在平行沟通中赞美同事，就是为了强调彼此合作的重要性。这一次的工作任务之所以会获得如此完美的结果，就是因为你和他们都集合了各自部门的优势力量。

优势和优势互相合作，才是企业和部门发展的硬道理。肯定同事的同时也是在肯定自己，不过你千万不要让同事觉得你是在邀功。

4. 赞美优秀，肯定同事在工作任务中的努力和辛苦

你的心里一定要有这样的理念：只要是优秀的，就是值得赞美的。

有些领导者在合作项目完成之后，绝口不提其他同事的成绩，似乎所有的工作都是他一个人做的。

实际上，即使你不说同事优秀，其他人也是看得到的。与其如此，不如大大方方地肯定同事的努力和辛苦，一方面可以获得同事的好印象，另一方面可以获得更多的好人缘。

简单地说，当你表达“没有你，我是无法把工作做好的”的意思的时候，也是与你合作的同事赞美你的时候。因为任何人都知道，合作的成功是彼此的努力，绝对不会是单方面的成绩。那么从今天开始，就真诚地告

诉你的合作者们，他们是多么的优秀，你是多么的欣赏他们。

一定要拒绝就在1秒内说出“不”

沟通中，拒绝是在所难免的。如果你要在平行沟通中拒绝的话，你一定要在最开始的1秒钟内说出“不”，并且要尽量详尽地解释你为什么要说“不”。

平行沟通中，你所要面对的困难很多，其中之一就是如何拒绝一些不合理的要求，或者拒绝对方的计划和方案。如果你不懂得拒绝，那么你就会有很多超出能力范围之外的工作，你不仅无法按时完成工作任务，也无法保证工作结果的质量。

如果你在不得不说的时候才拒绝，那么就会浪费很多的人力、物力、时间，损失的不仅是对方的利益，更是企业的利益。因此，当你一定要拒绝的时候，请你在最开始的1秒内说出拒绝的话。

1. 说“不”的同时说出拒绝的理由

你在拒绝之前要想好一个对方可以接受的理由，而绝对不能够毫无理由地拒绝对方。有些时候，你会觉得理由无法说出口，或者觉得它不是很充分，即使这样你也要说出来。

总而言之，有理由比没有理由要好，至少对方不会认为你是“对人不对事”的。

2. 不要拖延，直接说“不”，但不要生硬

如果你一定要拒绝的话，那么就在第一时间里说出“不”，千万不要等到不能够再拖延的时候才说出“不”。在平行沟通的过程中，直接说“不”才能节省双方的人力、物力、时间，但是说“不”的时候不要生硬，

而是要做到“忠言顺耳”。

3. 尽量只对对方说“不”，不要让对方下不了台

说拒绝的话时，最好只有你和对方在场，尽量不要在公开场合说“不”。即使当时的环境不允许你私下说“不”，你也要保证语调和语气的平和，不能够让对方在公开的场合无法下台。简单地说，你要学会小声而坚决地说“不”。

4. 说“不”之后，要得到对方的充分谅解

拒绝对方之后你不要认为就可以“高枕无忧”了，你必须要获得对方的充分谅解。否则，就等于在彼此的合作中埋下了一颗“定时炸弹”。

有些人会认为：“反正我已经说清楚了，接不接受是他的事情。”这种观点是非常错误的，你不要犯这样的错误。

综上所述，说“不”的时候要及时，千万不可拖延，要让对方在第一时间就知道你的态度和理由。而且说“不”的时候，你要给对方一个台阶下。因为，即使你拒绝之后，你和对方还是要一起共事的。并且你要做一些说“不”之后的工作，以便能够获得对方的理解，不为今后的合作设置不必要的障碍。

由此可见，说“不”的时间、场合及理由都是非常重要的。平行沟通的时候，你必须最大限度地降低说“不”所带来的不良影响。

“背后鞠躬”，显示敬意，消除敌意

职场中有这样一个说法，“当面赞美，背后鞠躬”。原意是在对方的背后说一些赞美对方、关注对方的话，当对方通过第三方知道你说的话之后，往往会收获比当面鞠躬更好的效果。

当一个人不喜欢你的时候，都是有充分理由的。在平行沟通中，如果你当面赞美对方，并且显示出你欣赏对方，那么对方一定会认为你是在惺惺作态，在做给别人看。如此一来，不仅不会减少对方的敌意，反而会让对方加深对你的成见。所以，这个时候，不妨学着“背后鞠躬”，背后赞美欣赏对方。这是表达你对他的敬意的最好的方法，很容易消除对方的敌意，让对方觉得你很正直。然而，不是任何事情和人都适用于“背后鞠躬”的，如果运用不当，就会起到反作用。

1. 找到合适的“媒介”，让对方比较好接受

你之所以要“背后鞠躬”就是因为你需要缓解与对方的矛盾，让对方知道你在关注、关心他。那么你就必须要找到一个合适的“媒介”使得对方能够接受你的“背后鞠躬”。

这个“媒介”必须是对方能够直接接触到的人，或者是某一种特定的环境。而且必须要用对方喜欢，或者可以接受的方式，否则就会“弄巧成拙”。

2. 不要刻意为之，选择最合适的时间、场合

如果你非常刻意地安排，那么就不是“背后鞠躬”了，而是要让对方看一场“表演”。如此一来，在对方识破你伎俩的时候，对你的反感和敌意就会更深一层。

所以，你必须要不露痕迹地“背后鞠躬”，不能够让对方有不舒服的感觉。这就需要你能够掌握时间和场合，让对方自然而然地听到、感受到你的“背后鞠躬”。

3. 不要滔滔不绝，最好一句话切中要点

在你“背后鞠躬”的时候，千万不要在“媒介”面前滔滔不绝，最好能够只用一句话切中要点，使得“媒介”相信你是真的欣赏和赞美对方，所说的话都是真心的，而不是有所图的。

4. 不要等待效果，这个时候你最需要“装糊涂”

“背后鞠躬”的效果你必须默默而密切地关注，但是绝对不能够让“媒介”或者对方知道。这个时候，你最应该做的事情就是“装糊涂”，即使对方当面问你，你也要表现得“一无所知”。

严格地说，“背后鞠躬”是缓解矛盾和消除敌意的一种技巧，最主要的目的就是为了在显示你的敬意的同时，能够让对方接受你的赞美，并且消除对你的成见和敌意，以此作为今后合作的重要基础。无论如何，在职场中，多一个欣赏你的人总比多一个讨厌你的人要好得多。

让“第三者”出面，化解矛盾

平行沟通的过程中，一定会出现一些无法调和的矛盾。但是，如果你不积极的化解矛盾，那么，你下一阶段的工作将会举步维艰。

如果矛盾的双方都处于不理智的状态，最好的办法就是要请到一个合适的“第三者”，由他出面化解你和对方的矛盾。然而，为了化解矛盾而请来的“第三者”可不是什么人都能够胜任的，这个“第三者”必须具备以下几个条件。

1. 必须是矛盾双方都认同的，最好与矛盾双方同级

化解矛盾的“第三者”最好与矛盾双方是同级。如果是上级，会有以权压人之嫌；如果是下属，恐怕具有的说服力有限。最重要的是矛盾双方对于这个“第三者”都不排斥。

2. 对矛盾双方都有所了解，并且能够一视同仁

“第二者”必须同时认识矛盾双方，相熟的程度最好能够大致相等，而且“第三者”必须是一个大公无私、能够比较公正处理问题的人。如果“第三者”不能够理智地对待矛盾，那么只会激化矛盾而无法化解矛盾。

3. 具有很强的说服力，使得矛盾双方都能够心服口服

“第三者”的口才一定要好，如果是那种只会喊口号的人，那么对于化解矛盾是不会有任何作用的。“第三者”要晓之以情、动之以理，使得双方都能够认识到自身的不足，进而化解彼此之间的矛盾。

4. 在企业中具有一定威信度，最好是矛盾双方都佩服的人

威信度是一种非常奇妙的事物。心理学家研究证实，当一个人面对自己佩服的人时，他就会表现得很谦虚，也很容易接受不同的意见。

所以，“第三者”一定要具有威信度，而且能够让矛盾双方都佩服，如此一来，化解矛盾就事半功倍了。

5. 与矛盾双方没有利益关系，不会引起误解的人

这是最关键的一点，如果“第三者”与任何一方有利益关系，那么对另一方的说服力就会下降，甚至会被矛盾双方排斥。因为只要涉及利益，任何人都不可能保持绝对的清醒和理智。

6. 本身的品质优秀，具有一定的经验和处事能力

在符合以上条件的基础上，“第三者”本身也必须是品质优秀的人，如果不具备优秀的品质，那么就不会令人信服，如果无法令矛盾双方信服，那么化解矛盾就成了一句空话。因此，“第三者”必须是一个非常优秀且有能力的人。

或许你会认为这样的“第三者”不好找，当然，这也只是一个参考标准，同时也是在提醒你，在同平级同事发生矛盾的时候，可以“曲线救国”，找合适的中间人。

第五章

谈判沟通：平等+共赢

作为职业经理人，同人谈判是工作内容，也是很平常的事情。

准确地说，谈判是为了促成交易的一种手段，也是为了解决双方的矛盾，更是为了谋取和谐的长期合作而进行的共赢活动。谈判就是对弈，是说服对方的过程。

谈判的任何一方都希望谈判的结果能够向着自己的利益出发。但是，如果双方都这样想，谈判往往很难成功。

很多时候，达成共识的各个条件都符合，但最后的谈判往往不理想。这并不是没有谈判时机，而是谈判人没有沟通到位。

好的沟通在谈判中很重要。我们要在谈判沟通中坚持平等、共赢的原则，寻求双方都能接受的关键点，这样才能达成共识。

第一节 调整心理，进入谈判的状态

当你即将要坐到谈判桌上的时候，必须调整好自己的心理，不能让自己产生自卑、紧张、逃避的不良心理，同时也不能受到不良情绪的影响。

首先，你应该明确“为什么要谈判”。

谈判不仅是为了企业的利益，也是展现本身诚意的平台。谈判的最终目的就是共赢，而不是一方非要压倒另一方。

其次，你必须知道“谈判的核心是什么”。

谈判要以获得经济利益为核心。无论面对任何谈判，你都必须坚持以价值为核心，不能放弃自身的合理利益。同时，你也不能完全“唯核心论”，必须开拓思路和眼界，以此获得更多有价值的利益和助力。

最后，你要懂得谈判“怎样才是真正的平等”。

谈判是一个艰难甚至漫长的过程。但是无论遇到怎样的困难，你都必须坚持平等互惠的原则，这样做的目的就是让谈判合情、合理、合法地进行，并且最终达到双方预期的目标。

总而言之，无论是谈判前还是谈判中，适度的调整心理都能够让你更快地进入到谈判的氛围中，适应谈判的节奏，保证谈判的顺利进行。

每个人都可以成为谈判高手

谈判是一种通过反复的沟通达成协议的商务手段。实际上，每个人都可以成为谈判高手，只要你努力对了方向，就可以成为谈判桌上的成功者。

很多人一听到“谈判”两个字就会不停地摇头，口中念念有词道：

“不行，不行，我肯定不行。”因为他们认为谈判是一项难度非常高的专业技能，如果没有丰富的经验和阅历，无论如何都不可能成为谈判高手。

这样的想法是有失偏颇的，成为谈判高手只在于你能不能把自己调整到最佳的状态，而不是你有多少年的工作经验，或者参加过多少次谈判。

严格地说，无论你是谁，只要你能够遵循以下的几个法则，你就会最终成为谈判高手。

1. 心态是基础，认清楚谈判的本质

谈判的本质就是利益，双方会为了获得更多的利益而彼此博弈。对此你要做好充分的心理准备，及时地调整自己的心态，用更加积极的心态投入到谈判当中。

2. 知己知彼，才能够百战百胜

谈判初期你必须要做好功课，对谈判对象的了解必须充分而真实。如此一来，你才能够知道要用何种策略谈判。对于自身和对方的全部优势和弱势都了如指掌，那么谈判对你来说就变得格外容易了。

3. 自我认知，把自己放在最合适的位置上

谈判的时候你要面对很多人，不仅是谈判对象，还有本企业的谈判同事。这就要求你对自我有清醒而明确的认知，知道自己能够做什么，能够做到什么程度，最适合的位置在哪里。如此一来，你就会成为谈判的助力，而绝非谈判的阻力。

4. 耐心制胜，成为最后一个保持冷静的人

任何谈判都不是一蹴而就的，谈判是反复不断的沟通，甚至是重复的沟通，对此你一定要有非常强大的耐心。当所有的人都失去耐心的时候，

如果你是最后一个保持耐心的人，那么你就会成为这场谈判中的绝对优胜者。

5. 巧用技巧，达到沟通无障碍的最佳境界

既然谈判是一场反复的沟通，那么你就必须要运用沟通的技巧，将谈判中的一个又一个的障碍都排除掉，使谈判能够顺利地进行下去。而且当沟通没有任何障碍的时候，谈判也会进入到一个更好的氛围中，你获得成功就是水到渠成的事。

6. 战术灵活，双赢才是最佳的结果

虽然谈判是一场利益的博弈，但是，你最终的目的不是打倒对方，而是找到一个利益平衡点，使你与对方都能够获得相对合理的利益。因此谈判的最佳结果是双赢，而你必须在双赢的基础上，为企业争取到更大的利益空间。

没有什么是不能谈的

既然双方已经坐下来了，那么就没有什么是不能够谈的。无论你有什么想法和要求，都可以拿出具体的计划和方案，放在谈判桌上，双方一起认真地研究和讨论。同样的道理，对方也可以提出自己的意见和要求，即使你认为是非常不合理的，也必须经过谈判才能够否定。

从谈判的角度来看，凡是涉及这一次谈判主题的内容和意见都可以放在谈判桌上来谈，至于最终能不能够谈成，就要看谈判者的能力和口才了。因此，对于谈判你必须做好充分的心理和理论、资料的准备，无论对方的任何意见和要求，你都要有理有节地加以分析，留下合理的去除不合理的，以最大限度地节省双方的人力物力时间。

1. 谈利益，不是打倒而是平衡

谈判桌上最重要也是最主要的主题就是利益，为了彼此的利益，谈判双方可以不厌其烦地博弈、沟通、协商等。实际上，谈判中的利益并不是非要“东风压倒西风”，似乎只有谈判的一方打倒另一方才能够善罢甘休。谈判中真正的利益不是打倒，而是平衡。

2. 谈需求，不是给予而是创造

没有需求就构不成谈判，谈判双方对于对方都是有需求的，这些需求虽然不一样，但都是为了从对方那里获得不同程度的帮助。但是，谈判不是要给予对方施舍，而是要为对方重建创造的能力。古语有云：“授之以鱼，不如授之以渔。”

3. 谈投资，不是金钱而是精力

谈判中的投资针对的不应该只是金钱上的多寡，而是要让对方知道，投资的主要投入不是金钱，而是精力和时间。至于投资的所得，双方都必须做好输的心理准备，因为这个世界上没有任何一种投资是稳赚不赔的。

4. 谈信任，不是单向而是双向

信任与沟通一样，从来都不是单向的，在谈判的过程中，双方对于彼此的信任和信心才是继续谈判最坚实的基础。如果谈判桌上的信任是单向的，那么这一次的谈判就没有必要继续下去了，因为单向的信任不是信任，就像单向的沟通构不成沟通一样。

既然双方是来谈判的，任何事情都可以一起协商、沟通。对你是如此，对对方也是如此。当对方犹豫该不该谈的时候，你要鼓励对方有话直说。因为只有彼此坦诚相见，才能够获得更多的信任，也只有信任才能够

带来更多的双赢利益。

综上所述，谈判不但是为了获得更多合理利益的反复沟通，而且也是谈判双方彼此之间较量、博弈的平台，更是企业之间赢得共同发展的有效途径。因此，谈判的过程虽然是艰难的，但是获得的结果一定是平等和共赢的。

谈判的目的是共赢

合作共赢是任何谈判的最终目的。

准确地说，就是要企业打开自己的大门，把对方先进的技术和管理都引进到企业中，而把自身的优势项目和能力也输出给对方。这样，双方企业才能获得更大程度的完善和发展。

对于一个特定的谈判项目来说，共赢就是使得谈判双方都能够在满足自身利益的同时，也提供给对方企业一些帮助和支持。

在当今竞争激烈的市场经济中，共赢不仅能够使双方企业增加市场占有率和竞争力，也能将双方企业建成一个利益共同体，使得企业做大做强。

那么，究竟在谈判中如何才能够达到共赢的目的呢？为此，你必须要遵循以下几个原则。

1. 互相坦诚，可以竞争但是不可以损害

如果谈判双方抱着要打垮对方的心态谈判，那么谈判就是一场非常惨烈的战役。俗语说："杀敌三千，自损八百。"通俗的解释就是没有赢家。

因此，谈判虽然是利益上的彼此博弈，但是谈判双方可以通过正当的手段进行竞争，而不要通过不正当的手段彼此损害。既然双方已经决定进行谈判了，那么必须要拿出自己最大的诚意，没有诚意的谈判不仅会失

败，还会浪费谈判双方的时间和精力。

2. 互相合作，可以争取利益但是不要“唯利是图”

谈判就是要谈彼此之间合作的可能性究竟有多少，是一个发现利益以及交换利益的过程。谈判桌虽然不是做慈善的地方，但也不是一个“唯利是图”的地方。

因为，对于利益交换或者利益分配，双方还有不同的想法和理念，才要通过谈判来找到双方的利益平衡点，以此达到利益的一致性。因此，谈判的任何一方都没有必要为了利益而做出一些不适当的事情。

3. 互相支持，用自己的长处填补对方的短处

每一家企业都不是万能的，企业有优势就必然会有弱势。那么，在谈判的过程中，双方都要本着双赢的态度，用自身的长处填补对方的短处。实际上，这不是无缘无故地做好事，而是另一种形式的利益交换与互补。

4. 互相联合，成为最强大的利益共同体

谈判双方最终达成一致的一定是利益，而彼此之间利益的共通正是建立在共赢机制的最关键基础上。只有拥有共同的利益，才能够彼此联合，成为最强大的利益共同体。因此，企业之间的共赢必须建立在利益的基础上，当你的企业中有我的利益，我的企业中也有你的利益的时候，才能够建立起真正的共赢体制。

综上所述，为了达到共赢的目的，谈判双方必须要在谈判中彼此沟通、妥协、信任。

谈判必须建立在平等的基础上

谈判的基础究竟是什么？答案非常简单：平等。

无论谈判的对象是大企业还是小公司，你必须要一视同仁，不能够有另眼相看的心态。因为只有建立在平等基础上的谈判，才最有可能达到共赢的最佳目的。

那么，什么是平等呢？平等首先体现在心态上。如果你从心态上认同谈判对象，那么你就会平等地对待对方。反之，如果你不认同谈判的一方，就会产生心理偏差，过高或者过低地看待谈判对象。

要想达到真正的平等，你就必须遵守以下几个原则，否则谈判的基础就会出现偏差，导致谈判一无所获。

1. 制度的平等，不能够使用双重标准

要想实现平等的谈判就需要制度的保证。谈判的制度要由谈判双方协商制定，凡是参加的谈判者都要统一地遵守一个制度，绝对不可以出现区别对待的双重标准。在谈判的意义上来说，双重标准不仅是对其他谈判者的不尊重，更是谈判失败的最重要因素之一。

简单地说，在同一场谈判中，双方或者多方所遵守的必须是同一个制度，如此一来，在制度上才能够达到平等的标准。

2. 没有任何特权，谈判桌上人人平等

谈判中没有任何人可以享受特权，凡是坐在谈判桌边的人都是平等的。有些领导者在参与谈判的时候，总是迟到、早退，他们认为自己是领导者，应该要享有特权。但是，他们没有意识到这样的行为正在毁灭这一次的谈判。

谈判桌上一旦有了特权阶级，那么谈判实质上已经名存实亡了，这样的谈判再继续下去，不仅会浪费人力、物力、时间，而且是对双方企业利益的最大损害。

3. 待遇的平等，切记不能够“看人下菜碟儿”

参与谈判者都应该有相应的待遇，那么从待遇上也是应该平等的，而千万不可“看人下菜碟儿”，对待主要谈判者和随从人员要完全一致，对待自己企业的谈判者和对方企业的谈判者要完全一致。

如果谈判是在本企业进行，那么在待遇方面甚至要对对方企业更加优惠一些。因为只有如此，对方企业的谈判者才会认为待遇是平等的。

4. 打好谈判的基础，实现无差别的谈判

平等之所以会成为谈判的基础，正是因为平等是谈判双方共同的追求。要想在谈判中赢得既定的目标，并且获得合理的利益，没有平等作为基础，这一切就都是遥不可及的空中楼阁。

有人说“平等是没有绝对的”，但是在谈判中，平等就必须是绝对的。从上级到下属，从内部到外部，涉及谈判的方方面面都必须是绝对平等的。也许你认为有些矫枉过正，但是唯有如此，才能够保证谈判是建立在平等的基础上的。

第二节　谈判初期：立场绝对要强硬

在谈判初期，你的立场一定要鲜明而强硬，必须用你的态度和语言表达出你的谈判意见，使对方知道，在这一场谈判中，你要获得怎样的利益。

谈判初期的强硬立场并不是为了让对方惧怕你，而是为了让对方明白你要什么，以及你要的很坚决。如果在谈判初期你就给对方一种“万事好商量”的态度，那么对方会认为你并不在意这场谈判所获得的价值，甚至认为你根本就不在意这次的谈判。

实际上，谈判初期所表明的立场会影响整个谈判的进程和走向。

如果对方在刚开始谈判的时候，任何立场都没有，而且也没有任何明确的态度，你认为这一次的谈判要如何进行？

由此可见，谈判是双方面的事情，双方必须要有鲜明的立场。

是你的谈判立场，你一定要坚持到底，因为不坚持自己立场的谈判者是无法从谈判中获得合理利益的。而且如果你不坚持自己的立场，那么你要用什么进行谈判呢？即使你的立场表达得有些强硬，也是必然的态度，谈判的过程中，不需要任何“好好先生”。

确定谈判议题及细节

谈判初期，谈判双方会提出各种问题，并且会提交各种议案。这个时期，你需要做的事情就是确定谈判的议题，以及对谈判议题每一个细节的确定。如谈判的时间、谈判的原则框架、谈判的座次安排等。

实际上，所谓的谈判议题就是谈判中主要讨论并解决的问题，以及这些问题的先后顺序和时间安排，还有就是谈判中所能够用到的原则框架。这些都是谈判议题所要定下来的。

1. 谈判议题必须具体化，所有的议题必须涉及谈判的方方面面

谈判议题就是谈判的大政方针，既要能够指导谈判的大方向，也要有细节上的考虑和安排。因为如果谈判开始，势必会依照谈判议题进行，如果谈判议题只有框架而没有细节，就会使谈判者无所适从，你说你的，我

说我的。

反之，如果只有细节而没有框架，就会使谈判陷入到琐碎的泥淖中，无法正常地继续下去，最终只能够导致谈判停止。

2. 谈判议题要合理布局，所有的议题要起到由浅入深推动谈判的作用

谈判是双方面的，因此议题的安排不可以只顾着一方，必须要双方兼顾才是最合理的议题布局。谈判是技术性非常强的活动，为了能够在谈判中获得更多的利益，你可以为本企业在谈判议题上争取主动，但是一定要以平等为前提。

3. 谈判议题的日程安排要灵活，过于呆板的日程安排会让谈判者感动疲劳

在谈判议题的日程安排上，你可以灵活一些，留下一些可供调整的余地，而不要把所有的谈判议题都安排得非常满，使得谈判者连休息的时间都没有。反过来想，如果你是谈判者，每一天都要面对满满的议题安排，你一定会感到非常疲惫和不耐烦。

因此，日程安排应该要留有余地，俗语说："会休息才会工作。"让谈判者们休息好，谈判的议题才会进展得更加顺利。

4. 谈判议题的内容要有所兼顾，在体现本企业长处的同时，也能够让对方企业有所表现

如果是以本企业为主导的谈判，你可以围绕着本企业的长处做一定安排，但是基于平等的原则，你也不能够剥夺对方企业的表现机会。

从根本上说，谈判就是一场利益的博弈。所不同的就是谈判具有很强的互动性，不但要考虑到本企业的需求和利益，也要兼顾对方企业的需求和利益。所以，在确定谈判议题及细节的时候，你可以针对本企业的优势

有所倚重，但是要在不违反平等原则的基础上。

总而言之，谈判初期的议题及细节确定，就是确定了这一次谈判的根本基调，以及谈判的最基本框架。

弄清楚谈判的动因

商务谈判的基本动因有三个：第一个动因就是利益；第二个动因就是合作和关系；第三个动因就是共识。

谈判前你要弄清楚这一次谈判的主要动因是什么，然后根据主要动因安排谈判的其他细节和日程。谈判的动因不同，就会有不同的意义和议题。那么，你的安排和准备就会是完全不一样的。

谈判的动因究竟要如何理解呢？

1. 利益

谈判最基本的动因就是追求利益，所不同的就是谈判追求的不仅是本企业、本部门的利益，更是谈判双方或者多方的共同利益，而最终的目的也是要寻求一个完美的利益平衡点，使得谈判双方或者多方都能够获得更多的合理利益。

从动因看谈判，你会发现，实际上利益也是多种多样的，有物质的、精神的、技术的、社交的、长期的、企业的、个人的等，这些都可以是谈判中所涉及的利益。因此，你要弄清楚这一次谈判的利益是哪一种，如何做才能够使得这一种利益最大化。

2. 合作与关系

谈判双方在谋求某一个领域的合作，以及要维持长期的合作关系也是谈判动因的一种。由于市场经济的激烈竞争，一家企业的力量越来越单薄，因此有越来越多的企业会用自身的优势寻求同其他企业的合作，期望能够彼此取长补短，共同发展。

每一家企业都会具有一定的局限性，如果企业在这一方面非常强大和擅长，势必就会在另一方面显得比较弱势和不完善。而谈判就是为了解决这样的问题，使得企业之间可以用优势合作，并且能够把这种合作的关系扩大到更多的领域当中。

3. 共识

当其他企业的资源和优势满足了本企业的利益之后，会出现利益的冲突和归属问题。这个时候就需要企业和企业之间，或者部门和部门之间达成一定程度的共识。而谈判就是为了达成这样的共识，期望今后能够更加顺畅地合作和沟通。

普遍意义上，谈判是让双方就某一个或者某几个问题达成共识，这种共识不仅是企业之间的，也是利益之间的。谈判是最能够解决利益冲突的活动，因为双方可以在平等的基础上，达成共赢的共识，以此来杜绝发生更多有损于企业的行为。

每一次谈判的动因都不尽相同，在谈判初期，你一定要弄清楚这一次谈判究竟要解决哪些问题，以及真正的动因是什么。因为谈判的动因会影响到谈判进程，以及谈判双方的资料准备和人员配置，要想在谈判中知己知彼，就必须知道谈判的动因。

总而言之，认真仔细地分析谈判的动因，既可以使本企业的利益最大化，也能够在利益的交换中，维护本企业的最基本利益。

开出高于你预期的条件

要想在谈判中占得先机，你就要用优势来开拓局面，你不能只是说出

自己的预期，而要开出高于你预期的条件。

这就是优势谈判中，适度的抬高预期的原则。因为这样做既可以留给你更多的谈判空间，也能够更加接近你的预期结果。尤其是在你不是非常了解谈判对象的时候，你开出的条件要高出你的预期更多。

简单地说，你对对方的了解程度与你开出条件的高低成反比。越了解对方，开出的条件就越接近预期值。相反，越不了解对方，你所开出的条件就越高于预期值。

总之，在谈判初期，你所开出来的条件都必须高于你的预期值，这样做的原因主要有以下几个。

1. 抬高条件之后，能够使以后的谈判空间扩大

条件被你抬高之后，由于超出你的预期值很多，你可以在谈判的过程中做出非常大的让步，使得对方从你的让步中看到你的诚意。简单地说，条件抬高之后，就会扩大你今后的谈判空间。

但是，要注意的是，条件不能够无限制地抬高，你必须在对方能够承受的范围之内，合理地抬高条件，使得对方认为这就是你原本的条件。准确地说，你抬高的条件要在对方认为合理的范围内，否则就会适得其反。

2. 不让对方过早地看到你的底线，你要获得更多的主动权

谈判双方都有自己的底线。而抬高条件之后，对方就很难从你开出的条件中分析出你真实的底线在哪里。这样做的好处就是，你能够更多地掌握谈判的主动权，使得对方跟着你的脚步走。而且在现实的谈判中，如果你在谈判初期就说出自己的预期值，那么对方也不会相信，一样还是会与你讨价还价。如果你寸步不让的话，谈判就会陷入僵局，对方也会认为你没有谈判的诚意。

3. 谈判初期的互相试探阶段，你能够更多地了解对方的实力

谈判初期就是双方互相试探的阶段。大胆地设想一下，假如对方一口就答应了你的条件，那么你不是得到比理想还要理想的利益了吗？实际上，只要坐到谈判桌上，很多事情就已经超出你的控制范围。

即使对方没有马上答应你的条件，你也可以从对方的语言和态度上分析出对方对你开出的条件的看法，进而更多地了解对方的真正实力。

4. 让谈判陷入僵局

有些时候，我们不要让谈判太早结束，这与我们的谈判策略不符合。而拖延谈判的唯一办法就是让谈判陷入僵局。我们不仅能够从中获得大量的时间继续准备，也可以进一步观察对方处理危机的能力。

总而言之，你开出的条件一定要高于你的预期值，这是谈判中很重要的心理学之一。

永远不要接受第一次报价

报价是谈判中关键的关键，而针对报价，谈判双方都会想尽各种办法，使得报价更加接近自身的理想价位。然而，影响报价的因素非常多，作为谈判者的你一定不能接受对方的第一次报价。

实际上，对方在第一次报价的时候，也没有奢求你可以马上接受，因此第一次的报价最主要的作用就是试探你的实力。

心理学家认为，人的心理是非常复杂的，尤其是对某一个领域的高手来说，他们的心理更是到了无人可以琢磨的地步。

因此，如果你面对的是谈判高手，那么他的第一次报价你就更不能接受了，因为你实在无法弄清楚第一次的报价是高还是低，所以接受第一次

的报价只能让你的利益受到损失。

1. 当谈判进行得不顺利时，对方的第一次报价会让你产生错误的判断

不接受对方的第一次报价并不是一件非常容易的事情，尤其是经过没有任何成果的谈判之后，对方忽然第一次报价，这样的行为会让你错误地认为对方已经放弃自身的预期值，而反过来迁就你。

你的这种想法是永远都不可能变成现实的！如果你还有一点理智的话，就应该明白自己的想法根本就是天方夜谭，而其实对方正在等着你这么想呢！

2. 如果你接受了对方的第一次报价，那么对方就会对你的企业实力产生怀疑

在谈判初期的时候，假如你匆匆忙忙地接受了对方的第一次报价，对方不仅会怀疑你的头脑，而且还会怀疑企业的真正实力。因为你的行为太幼稚了，根本就不符合高智商的标准，你不是在出其不意，而是在自毁形象。

从对方的角度看，第一次就接受报价只能说明两个问题：第一，你太不成熟了，不是谈判高手，而是一只谈判菜鸟；第二，企业现在发生了重要的事件，不得不匆忙地接受报价，以便更早地结束谈判。

3. 一般情况下，第一次报价都不在合理范围中，因此不能够接受

对方无论在任何时候提出第一次的报价，你都不用过多地考虑，因为你没有必要接受。无论对方的报价是高是低，都不会在合理的范围当中。

如果对方的报价很高，你就没有接受的理由；如果对方报价过低，那么你就要考虑其他方面的问题，比如：对方的产品是否有问题？对方的企业是否有问题？

4. 当谈判陷入僵局的时候，对方的第一次报价很可能是一个陷阱

在有些情况下，对方的第一次报价很难拒绝，尤其是谈判陷入僵局的时候，对方的第一次报价有可能就是谈判的一道曙光。但是如果你接受了，那么你就掉入了对方的陷阱中。

凡是精明的谈判者对于第一次报价只是分析，而绝对不会接受。因为对于谈判来说，第一次报价只是一个开始而已。

用“意外”来隐藏你的真实想法

谈判不是要你做一个喜怒形于色的人，而是要你做一个能够隐藏自己真实想法的人。

为什么要隐藏自己的真实想法呢？因为谈判桌上是谋划策略的地方，你不能够让对方看透你的真实想法，否则你就会在谈判中处于劣势。

那么，要如何做才能隐藏自己的真实想法呢？

答案就是制造一些不起眼的小“意外”，在吸引对方注意力的同时，将你的真实想法隐藏起来。但是，你要懂得一些制造小“意外”的技巧，以免弄巧成拙。

1. “意外”动作，让对方的注意力分散

谈判的过程中，对方一定会密切地关注你的一举一动，当对方过于注意你的时候，你可以制造一些“意外”动作来分散对方的注意力，以此来隐藏你的真实想法。

比如，你可以忽然看向窗外，或者故意把水杯里的水洒出来等。但是这样的“意外”动作不能过大，要看起来足够自然，即使对方有所怀疑，你的漏洞也不会太大。

2. “意外”语言，让对方抓不住重点

当对方非常接近你的真实想法时，你可以说一些“意外”语言，让对方失去分析的方向，如此一来，你就可以成功地隐藏真实想法了。

比如，你可以在谈判的过程中，忽然说几句关于天气的话题；或者在休息的时候，忽然说一些与谈判毫不相关的话题。这个时候，对方会认为你是另有所指，自然会被你的语言引导到另一个方向。

3. “意外”沉默，让对方猜不透心思

本来应该说话的时候，你却“意外”沉默了，这种沉默是不符合情理的，因此一定会引起对方的注意，而你则可以堂而皇之地把真实想法隐藏起来了。

比如，你在与对方的争辩当中，忽然沉默不语，或者原本很好的谈话氛围，你无缘无故就沉默不说了。

4. “意外”主动，给对方造成错觉

如果在谈判中一直表现得不是很积极的你，“意外”地主动找到对方交谈，对方在感到惊讶的同时，会直接忽略你的真实想法。比如：你主动与从未私下交谈过的对方打招呼，表现出异乎寻常的热情。这个时候，凡是正常人都会想：“这个人是不是有什么企图?”对方在思考这个问题的时候，自然就会忽略你的真实想法。

在谈判中，用“意外”来隐藏你的真实想法，一定要能有效地把对方的注意力引开，使对方的思想“误入歧途”，分析一些原本不是问题的问题。

避免对抗性谈判：先同意，再反驳

在谈判的过程中，对方的意见和建议一定会有你不同意的，但是为了不让对方产生逆反心理，你要先表示同意，再运用多种手段进行解释、分析，以便让对方逐步明白你的观点和意见，这样做就是为了避免对抗性的谈判。

如果谈判进入到对抗性的模式中，双方就会彻底地放弃共赢的谈判目的，也会抛弃平等的谈判基础，这样的谈判不仅无法获得最佳的结果，甚至成为了一场你死我活的战役，最终只会两败俱伤。

为了避免以上这种情况的发生，你必须先同意对方的意见和观点，然后再找机会慢慢地反驳，具体的方法有以下几种。

1. 运用感受法，使对方理解你

在同意了对方的观点和意见之后，你可以逐步地分析这些观点和意见。你需要用感受法让对方理解你的感受，站在你的角度为你着想。如此一来，当你提出反驳意见的时候，对方就可以从理解你的角度出发，接受你的反驳意见。

2. 运用利益一体法，使得对方明白你们双方是同一个利益共同体

巧妙地引导对方看到彼此的利益是一致的，你的反驳并不会破坏一体的利益，只是为了让双方更好地紧密合作，这样对方会接受你的反驳意见，并不会产生任何对抗的心理。

3. 运用深入了解法，使得对方了解你和企业

随着谈判的进一步加深，你可以让对方有更多的了解你和你的企业的

机会，使得对方在确定你的品格的同时，也能够充分地肯定企业的实力。从谈判的角度来看，让对方深入地了解你和企业，不仅会在对方的心目中营造一种熟悉的亲和感，而且还能够消除彼此企业之间的隔阂。

那么，你的反驳意见就显得无足轻重，对方也不会过于坚持自己的观点和看法了。

4. 运用直截了当法，充分地在对方面前表达你的诚意

让对方相信你，相信你的谈判诚意，直接告诉对方你的想法，同时充分地表达你的诚意。有些时候，直接表达诚意会收到意想不到的效果。

但是，你要注意的是，直接表达的是你的诚意，而绝对不是你反驳对方的意见。只有当对方接受你的诚意之后，你才能够婉转地表达不一样的看法。

总而言之，无论对方的意见是对是错，你都一定要先接受，然后再分别处理。

“钳子策略”：提出你的期待，然后沉默

“钳子策略”是一种非常简单有效的谈判策略。它操作起来非常简单，你只需要在谈判中说出你的期待，然后保持沉默，直到对方达到你的期待为止。

从根本上来说，“钳子策略”会把对方任何一点多余的利益都钳住，最重要的是你能够只用一种策略就达到你的谈判预期目标。

在现实的谈判中，“钳子策略”不仅能有效地牵制住对方，还能为本企业赢得更大的利益空间。

在谈判的过程中，如果你要运用“钳子策略”，必须要做好以下几点工作。

1. 坚持到底，无论任何人、任何事你都不要动摇

当你对谈判对象说“你的报价一定可以更低”之后，你就要坚持自己的期待，无论对方怎么说服你，你都必须坚持到底。如果你动摇了，那么“钳子策略”就会失去效用。

凡是经验丰富的谈判高手，都会运用“钳子策略”让对方亮出最低价。但是你的坚持和沉默也要审时度势，一定要在你能够掌控的范围内，一旦你发现事情超出了你的掌控范围，那么你就要在第一时间里想出其他的策略。

2. 认真对待，小心避让和化解对方的“反钳子策略”

运用“钳子策略”，就必须要想到对方会用“反钳子策略”。比如你说“你的报价一定可以更低”之后，对方会反问：“你究竟想要什么样的价格?”这个时候，你千万不能直接说出你的预期价格，否则你的“钳子策略”会彻底失败。

解决的方案有两种：一种是在对方没有开口反问之前，阻止对方或者引开对方的注意力；另一种是在对方开口反问之后，不要直接回答对方的反问，或者你可以坚持再说一遍你的期待。

3. 注意具体金额，不要只看到总金额而忽略了具体金额

在谈判的报价上，你需要注意的是具体的金额，而不是整体的总金额。因为两者之间会有很大的差别，只有具体金额达到你的预期，才能说明你的“钳子策略”奏效了。

金额是多少就是多少，既得利益才是最直接、最可靠的，只有具体的金额才能够说明问题，其他的一些计算方法都是对方用来混淆你思维的。因此，你只看具体金额，不看总金额或者百分比。

4. 明确期待，不给对方留有回旋的余地

你的期待要非常具体。事实证明，越具体的期待越容易实现。而明确的期待也不会给对方留有过多的回旋余地，最后对方只能够按照你的期待行动。

综上所述，钳子策略有利有弊，在运用的时候要学会张弛有度，如此一来，你才能够成功地运用钳子策略，为企业争取到更多的合理利益。

第三节　谈判中期：打破僵局，掌握谈判主动权

通常情况下，谈判的过程会充满不同意见，尤其是在谈判中期，谈判会陷入僵局，双方各执一词、互不相容。这个时候，你需要用谈判技巧来打破这种僵局，进一步掌握谈判的主动权。

在谈判中谁打破僵局，谁就掌握主动权。

在打破僵局的过程中，你需要注意两个方面：一方面你不能为了打破僵局，而进行无条件、无原则的妥协，你必须在坚持立场的基础上，找到一条打破僵局的路；另一方面你要避免任何冲突的发生，从语言和肢体动作上避免与对方发生冲突，避免让对方不愉快，因为只有在彼此心情平静的时候，谈判的僵局才有可能被打破。

利用“闪避法”转移冲突

随着谈判的进一步深入，谈判双方对对方的了解有所增加，而谈判的主要冲突也日益突出。如果你一味地对冲突保持沉默，就会让谈判陷入僵局。当你不想让谈判僵局继续时可以运用“闪避法”来转移冲突。

“闪避法”，顾名思义就是用躲闪或者回避矛盾冲突的方法，转移对方的注意力，并以此为契机，彻底打破谈判僵局，使谈判双方都能够有时间和空间考虑下一阶段的策略。严格地说，闪避法在转移冲突的时候，会给谈判者们画一个问号：“下一步该怎么办?”

具体实施“闪避法”转移冲突的策略有以下几种，你在运用的时候一定要考虑周详，三思而后行是谈判中最需要的。

1. 休会策略

在谈判的过程中，双方因为利益、观点、思维方式的不同而产生冲突的时候，你可以马上建议休会，让双方都能有冷静的空间，在重新调整思路之后，再一次坐回谈判桌上。也许那个时候，眼前的冲突就可以化解于无形了。

即使矛盾依然存在，在休会之后很大可能不会再起冲突了，因为双方的思想和行为都趋于冷静和成熟，双方会抱着解决问题的态度继续谈判，而不会因为某种冲突毁掉谈判成果。

由此可见，休会策略可以把谈判者们重新拉回到冷静、理智的谈判模式中。

2. 环境策略

如果谈判总是处于一种环境中，那么每一个谈判者都会感到疲惫和烦躁。因此，适当适时地改变谈判环境，也能够转移冲突。

在这里，改变环境的根本就是为了让谈判者更好地放松心情。心理学家认为，人在放松的情况下，情绪会变得舒缓，比较能够接受不同的意见。

因此，你可以建议谈判者去运动一下，或者找一个能够放松下来的活动，使得身心可以不再紧绷，彼此能更顺畅地沟通。

3. 拖延策略

当冲突即将发生的时候，你可以立刻转移话题，以此来拖延时间，给每一个谈判者留下更多的思考和冷静的空间。

拖延时间是为了让谈判双方都能够放下心中的不满情绪，当再一次谈及冲突话题的时候，可以用一种相对客观和冷静的方式进行讨论和协商。

你可以将引起冲突的话题暂时搁置，让时间去冲淡谈判双方的对立情绪。当时过境迁之后，这个话题自然而然就不会再成为冲突话题，那么解决问题的办法就会呼之欲出，谈判的僵局更容易化解。

总而言之，“闪避法”是一种可以转移冲突的方法，它的运用不仅可以留给谈判双方充分的冷静空间，而且还会让谈判者们收获意想不到的效果。准确地说，“闪避法”可以让谈判双方换一种方式交流，收到更好的效果。

转换话题，拖延时间

在谈判的过程中，打破僵局还有一种切实可行的办法：转换话题，拖延时间。

转换话题是为了转移谈判双方的注意力，使谈判双方不再紧盯着一个问题进行讨论；而拖延时间则是另一种管理时间的方法。随着时间的推移，谈判很可能会进入到一个全新的阶段，那么现在的问题就不再是问题了。

谈判是一种具有创造性的企业行为，过程当中有很多的不确定因素，当谈判进行到中期的时候，僵局就会不请自来。要想打破僵局，并且掌握谈判的主动权，你就必须善用谈判中的转移话题的各种策略。

1. 转移到轻松的话题，离开谈判的既定环境

将话题转移到一个比较轻松的话题中，离开目前谈判所既定的环境，使谈判双方都能彻底放松下来，不去思考关于谈判的事情。这种策略适用于谈判的休整期，可以从心理上为谈判双方开拓一片全新领域，不再纠结于旧的问题当中。

实际上，话题的转移也是一种心理的转移。

转移话题最关键的是你能否成功地转移谈判双方的注意力，使得谈判双方愿意转移话题。

2. 转移到之前的矛盾话题，再一次把矛盾提出来

当谈判双方拒绝让轻松的话题代替谈判话题的时候，你可以把之前的矛盾话题再一次提出来。如此一来，谈判双方就会很自然地转移冲突话题。

如果谈判的气氛始终无法轻松下来，你可以尝试在几个矛盾话题中多转换几次，当谈判双方意识到他们是在钻牛角尖的时候，自然就会放弃一些成见，进入到更加和谐的谈判气氛之中。

3. 拖延时间与转移话题一同使用

拖延时间策略与转移话题策略一同使用，效果更好。

（1）任由时间过去，不催促不提醒

当谈判陷入僵局的时候，你可以任由时间过去，不要去提醒，更不要去催促谈判双方。如此一来，当时间到了休息的钟点，谈判双方自然就会停止。

（2）充分利用时间，做一些无关于谈判的事情

建议谈判双方能够做一些与谈判无关的事情，在放松身心的同时增进

彼此的了解。

实际上，转移话题和拖延时间基本上属于同一个策略，两者之间联系紧密也独立存在，打破谈判僵局的时候，究竟要单独使用还是联合使用，就取决于你了。

利用肢体动作缓解冲突

实际上，人类除了有声语言之外，还有一种无声的语言，这就是肢体语言。有些时候，通过肢体动作传递出来的信息，要比通过语言传递出来的信息更准确、更丰富。

在谈判中期，谈判人员要想打破谈判僵局，尽量避免谈判中的冲突，可以很好地利用肢体动作，以起到缓解冲突的作用。

不同的肢体动作代表着不同的意思，要想利用肢体动作缓解冲突，你就必须要学习更多的肢体语言。

1. 表情

在谈判桌上，对方看得最多最清晰的就是你的脸，以及脸上的五官，因此，你的表情很重要，每一种不同的表情都代表着不同情绪，而在谈判桌上，你的情绪很可能会影响到对方的情绪。

微笑地点头——代表你正在认真地倾听。

眉毛上扬——代表你很惊讶，或者不相信。

嘴唇紧闭——代表你正在思考问题。

眯起眼睛——代表你不同意，或者不欣赏。

2. 动作

虽然谈判的过程中，你的肢体动作是非常有限的，但正是这些有限的肢体动作更加能够说明你的情绪和心理，并且也能够给对方传递一些有效信息，使对方明白你究竟在想些什么。

身体向前倾——代表你正在关注或者很感兴趣。

坐立不安——代表你心情烦躁，或者高度紧张。

环抱双臂——代表你拒绝接受，或者正在防御。

抖动双腿——代表你非常紧张。

3. 表情＋动作

在整个谈判的过程中，你的表情加上动作就等于是无声的语言了。当你想用肢体动作来缓解谈判冲突的时候，你要做一些能够让对方放松神经的动作，而要避免做一些让对方感到紧张的动作。比如，你可以端起茶水喝几口，这样的动作告诉对方你想休息一下；而不要紧握拳头，盯着对方看，这样的动作是在警告对方，似乎在说“冲突就冲突，谁怕谁啊！”

类似这样的例子还有很多，通过心理学家的研究，人类对于同类的肢体动作的理解是非常准确的，只要你能够表现出很放松的肢体动作，对方就会感受到你想要和解的意思。那么对方就不会做进一步的争辩，或者做出引起冲突的行为。

总而言之，当你不能用有声语言表达的时候，可以充分地运用肢体动作来表达。对方会很快地理解你的肢体语言，从而能将即将到来的冲突用无声的语言化解。这样做还有一点好处，就是当对方不愿意和解的时候，不至于让你陷入非常尴尬的境地。

冷静旁观，以柔克刚

谈判僵局势必要打破，但是用什么样的方式打破？打破之后你能不能掌握主动权？

这两个问题是你必须要解决的，否则即使谈判能够顺利进行下去，你在谈判中也无法取得优势。

谈判在陷入僵局之后，对方很可能会表现得很激动，甚至有一些过激的行为。对于你来说，对方越是激动，你越要冷静，不要和对方硬碰硬。如果你与对方之间产生了不必要的对抗，不仅会影响到谈判，也会影响到两家企业。

这个时候，有一种策略是非常简单而实用的，就是冷静观察，以柔克刚。

要想做到以柔克刚，你必须要保持冷静和客观，通过细致入微的观察，了解对方的心理和状态，用柔和的方式坚持自身的原则，化解彼此之间的矛盾。

1. 要想让对方心服口服，你必须讲清道理

当对方言行过激的时候，你要控制自己的感情。即使对方说话不是很好听，你也要把对方的话听完。然后再针对对方的过激原因，有理有节地说服对方。要做到任何时候，你都是讲道理的那一个。

2. 用周到的礼节抚平对方的坏脾气

无论如何你都必须保持基本礼节，切记不可有“他凭什么发脾气，我也有脾气”的想法。事实证明，周到而细致的礼节，可以让对方的坏脾气瞬间消失。简单地说，无论对方用什么脾气对待你，你都必须礼节周到地对待对方。

3. 沟通彼此感情，使双方站在同一个情境中

人是感情动物，因此，谈判桌上也必须沟通感情。感情相通的时候，对方就能够理解你的处境；感情不通的时候，对方就会与你斤斤计较。因此，用感情来沟通彼此，使谈判桌上只有一种情境存在，双方自然就会更加和谐。

4. 诚信是沟通的基础，让对方为诚信动容

你的诚信能够让对方感动，让对方相信，你对于这一次的谈判是非常重视的，对对方你也是非常尊重的。一般情况下，如果你能够做到言必行，行必果，那么对方也会给予你相同的诚信度。

5. 心存宽厚，不与对方针锋相对

即使对方在不理智的情况下，说了一些不礼貌或者不中听的话，你也要心存宽厚，不要与对方针锋相对。你的有礼谦让，并不是软弱的表现，而是用宽厚的心去包容对方的过错，不让个人情绪影响到谈判的大局。

6. 智慧是柔和的强大支撑，用智慧化解矛盾

准确地说，坚持原则不一定要高声喊叫，用智慧柔和地守护自己的原则，使得对方能够及时地醒悟和改正。以柔克刚只有在智慧的支撑下，才能够发挥出巨大的作用。因为只有智慧才可以把握柔和的分寸，不多不少的柔和才能够克刚。

寻找替代的方案

在实际的谈判中，只要谈判的目标是明确的，做出的方案能够达到预期的目标，就可以通过并实施。

有些谈判者认为，方案必须是事先准备好的那一个，无论在任何情况下都是不可以改变的。须知，正是因为有这样的理念，才会让谈判陷入到无止境的僵局中。

因此，打破旧的理念束缚，在双方相持不下的时候，积极地寻找替代方案，更能让谈判双方在不损失任何利益的情况下，达到预期的谈判目的。

以下几种方法能够让谈判双方更加顺利地找到替代方案。

1. 谈判前准备，同一个议题多准备几套方案

替代方案不应该是谈判中才产生的，而是应该在谈判前就准备好的。在确定了谈判议题之后，针对每一个议题都会有最适合的方案。但是每一个议题不能够只有一个方案，而是要多准备几套替代方案。

2. 谈判中期的时候，发现问题及时转变思路

谈判双方会在谈判过程中存在一些分歧，当问题刚刚出现的时候，你就应该及时地转变思路，不要在同一个问题上纠缠不清。谈判中的替代方案不一定要将旧有的方案全部替换，你只要能够将谈判双方的矛盾点替换掉就可以了。

可是，转变思路并不是很容易的事情，因为谈判双方的思维像是一直向前的汽车，具有很大的惯性。因此，你必须在指出问题严重性的同时，提出事先考虑成熟的替代方案。

3. 在僵局中寻找曙光，换一个轨道也许会有新发现

谈判陷入僵局的时候，你要做的工作不是听之任之，而是要在谈判双方都能够接受的情况下，一起换一个轨道来讨论议题。

换轨道和换思路不同，换轨道是要抛弃原本的方案，完全用一个新的方案来替代。因此，你在提出意见的时候，要获得大多数人的支持。

4. 共同商讨替代方案，达成共识才能够保证共赢

替代方案是事情的另一种解决途径，要想通过替代方案就必须得到双方的认同。因此，无论是在寻找替代方案的过程中，还是在商讨替代方案的谈判中，达成共识是最关键的一步，因为只有双方达成共识，才能够保证双方实现共赢。

简而言之，替代方案在谈判中非常重要，如果没能寻找到合适的替代方案，谈判很可能会一直陷在僵局中，而哪一方推动了替代方案的进程，哪一方就可能掌握谈判的主动权。

站在对方的角度看问题

谈判是非常耗费精神和体力的事情，谈判双方为了寻找到利益的平衡点，需要从理念到价值观，从处世哲学到工作观点达成共识，才能够保证谈判的顺利进行，达到谈判双方共赢的目的。

而这些从内在到外在，从企业到个人的一切理念、观点、思想都很不容易形成共识。因此，你必须要站在对方的角度看问题，换位思考有很多时候都能够帮助你，让你从无路可走的困境中解放出来。

站在对方的角度看问题说起来很容易，但是做起来就会出现很多无法预计的困难，那么你要如何知道对方的角度呢？或者你怎么肯定对方就是用这个角度看问题呢？这些问题都是你必须解决的。

以下几种方法可以帮助你解决这些难题。

1. 设身处地，把自己当成对方，试着找到对方的思维角度

将自己放在对方的情境中，试着找到对方的思维模式。

要想做到这一点，你就必须在与对方的日常沟通中，通过观察对方的

一些习惯，以此作为基础更好地了解对方。

在谈判中，越熟悉对方越能够懂得对方的思想，那么你的换位思考就可以更加准确。当你把自己当成对方的时候，你会发现，实际上对方的思维模式还是很好理解的。

2. 抽离自身，学习站在旁观者的角度看待问题

当你无法找到对方看问题的角度时，可以试着从问题中抽身出来，站在旁观者的角度再看同一个问题。俗语说：“当局者迷，旁观者清。”这样做不仅可以开拓你的思维和视觉，也能够让你更加准确地看到对方眼中的问题所在。

实际上，对方的角度之所以和你的角度不同，正是因为环境、思维等诸多因素影响下形成了不同的价值观和世界观。

3. 用对方的方式演绎问题，你会找到比较准确的角度

站在对方角度看问题不仅是要你理解对方，也是为了让你能够更好地解决问题。尤其是当你无法理解对方的行为和语言的时候，用对方的方式重新演绎一遍问题，你会很容易地发现一个全新的视角，以及解决问题的方式方法。

4. 对方的角度你只能揣测，需要后续的分析

无论用什么样的方式，对方的角度只能是你的揣测，需要你在后期进行更加详细周密的分析，这样才能够准确地了解对方，找到解决问题的方案。实际上，站在对方的角度看待问题是一种谈判的技巧，也是一种知己知彼的方法。

换位思考的时候，你可以充分地理解对方，为对方着想。如此一来，你就很容易与对方达成一定程度的共识。并且，当你用对方的角度看问题的时候，你会看到问题的另一面，那么问题就会变得立体起来，解决的方案也会随之而来。

从对方的漏洞中借题发挥

现实的谈判就是一场利益的博弈，为了保证本企业的合理利益，你就必须在谈判的过程中找到对方的漏洞，并且利用对方的漏洞为本企业争取更多的合理利益。

尤其是在对方出现不合作的情况下，你能够利用对方的漏洞突然出击，不仅让对方措手不及，也能够让对方的不合作态度有所收敛。谈判中，对方的不合作原因很多，也不是非要为难你，而你借题发挥的旁敲侧击会使对方主动地改变不合作的态度。

从谈判的角度看待对方的不合作，你就会发现，实际上对方在大多数情况下是为了让你做出更多的让步，而为了保证企业的利益，你不能让步的时候，对方的漏洞就给了你很好的借题发挥的机会。

1. 利用对方的漏洞，小事化大，一追到底

实际上，对方在谈判前已经做了很充分的准备工作，因此，对方的漏洞并不是经常会出现。那么，你必须利用对方仅有的漏洞，把小事说成大事，而且追究到底，一定要找到解决问题的最终方法。

这样做的目的就是为了打乱对方的部署，让对方跟着你的节奏走。因为你故意的小题大做不在对方的准备当中，所以对方势必要抽出精力来应付你的新问题。

2. 扩大对方的漏洞，把问题扩展开，让对方重新思考

一般情况下，对方的漏洞不会很大，但是你要有把对方漏洞扩大化的

能力，把一个问题延伸为许多问题，迫使对方重新调整谈判方案，重新思考你提出的各种问题。

这样做的目的是为了让对方无法继续现有的谈判方案，一旦对方做出谈判方案的调整，你就可以掌握谈判的主动权了。

3. 抓住对方的漏洞，主动出击，让对方措手不及

发现对方有漏洞的时候，你必须要出奇制胜，否则对方的漏洞对于你来说就是没有任何用处的。

严格地说，这样做的目的除了要让对方措手不及之外，也是为本企业争取更多的调整时间。在新方案出台之前，不让谈判中的主动权易手。

4. 隐藏自身的漏洞，不让对方有机可乘

既然对方会有漏洞，那么你也一定会有漏洞，及时地检查自身的漏洞，不让对方有可乘之机。这是你在利用对方漏洞的同时，必须要做好的防御工作。简单地说，你在进攻的时候，也要建立起稳固的防御体系，否则你的进攻就会事倍功半。

从客观的角度关注利益

利益是谈判双方关注的唯一主题，尤其是在谈判陷入僵局之后，谈判双方更加容易进入盲目的固执己见模式中，不分青红皂白，只坚持自身企业的利益，甚至忘了进行谈判的初衷，无法客观地对待利益问题。

这个时候，谈判双方需要一个客观的利益标准，让双方都能够回归到理智而客观的角度。

那么，这个客观的利益标准要怎样才能形成并通过呢？

为此，谈判双方需要做好以下几点工作。

1. 公平为主，让谈判双方各自讨论之后，再集体协商

面对利益的时候，自然是“公说公有理，婆说婆有理”，要想从客观的角度关注利益，就必须要放弃自身的理念和观点，因此，需要谈判双方各自进行讨论，拿出整体方案之后再集体协商。

这样做是为了降低矛盾，因为在利益面前，再冷静客观的人也会坚持自身的利益。要想保持客观，就必须各退一步。

2. 简单可行，符合谈判双方的行为准则，很容易做到

客观的利益标准必须简单可行，不能纸上谈兵，一遇到现实问题就成了一纸空文。而且必须要符合谈判双方的行为准则，获得谈判双方的认同，一致认为可以遵守之后，才能够真正地实施。

在这个过程中可能会陷入到某种僵局里，这个时候，双方可以放弃一些有争论的条件，只实施一致通过的条件。

3. 超越利益，综合谈判双方的企业利益，不出现偏差

既然要从客观的角度关注利益，那么势必要超越利益，寻找谈判双方利益的共同点，不偏不倚才能够保证真正的客观。

无论谈判双方有多少利益不同点，只要双方愿意坐下来谈判，就一定有利益的共同点，那么这个利益的共同点就是客观的利益标准，不多不少才能够刚刚好。

4. 形成制度，谈判双方都愿意遵守，谈判才能够继续

客观的利益标准要形成一种制度，这种制度不一定要像普通制度一样，只要是谈判双方都能够认同，并且愿意遵守就可以了。

在谈判进行的过程中，只凭个人的思想和价值观，很难做到客观地看

待利益。因为谈判涉及的是企业的集体利益，而不是个人的私人利益，因此要想保持客观，就必须形成约定的制度。

5. 客观公正，不能够打压任何一方的利益

无论谈判的哪一方是谈判的主导，都不能借机打压另一方的利益，否则你就不是在解决问题，而是在制造矛盾。

在利益问题上，虽然没有任何人可以做到绝对的客观，但是为了打破谈判僵局，双方一定要找到一个利益的共同点，使得谈判双方都愿意从这个客观的角度关注各自的利益，同时也能够兼顾对方的利益。

第四节　谈判后期：讨价还价要有原则

当谈判进入到讨价还价阶段，就意味着谈判已经进入到后期阶段了。

在谈判的后期阶段，无论你是否已经掌握了谈判的主动权，你都不能无原则、无意义、随意地讨价还价。

在实际的谈判中，双方的利益冲突是始终存在的，关键要看你如何平衡双方的利益。如果你只知道一味地为自己的企业争取利益，而丝毫不顾及对方的利益，那么谈判就很容易陷入僵局，甚至最终导致谈判失败。

因此，在谈判后期，你必须有原则的争取合理的利益。凡事都应该有“度”，在“度”之内都是合理的，而一旦超过了“度”就会触到对方的底线，就会让谈判陷入到无谓的争论中，或者没有结果的陷阱中。

在讨价还价的过程中，对方一定会做出相应的反应，从而抵制你的讨价还价。在这种情况下，你需要熟练地运用谈判中的技巧，做到收放自如，不放弃任何获得合理利益的机会。在坚持自身合理利益的同时，运用一些谈判策略，并学着适度地妥协和让步。

“黑脸/白脸策略” 运用及反制

所谓的“黑脸/白脸策略”就是指在谈判的后期，对方的讨价还价策略。

具体实施此策略需要两个人的密切配合，一个人要表现出非常友好的样子，时时处处为了对方企业着想；而另一个人就要表现得很强硬，针对每一个问题都提出完全不同的意见。策略中的两个人一张一弛，一黑一白，很好地运用了一松一紧的“二分”谈判法，在谈判的讨价还价阶段，能够很好地保护自身的合理利益，在某种程度上挤压对方的利益。

为此，你要做到以下几点。

1. “黑脸/白脸策略”的运用

学会如何运用“黑脸/白脸策略”，使对方顺利地进入到你规定的情境模式中。

“黑脸/白脸策略”在运用的时候不要显得刻意，这就要求实施策略的两个人从谈判初期就形成一定程度的对立，而这种对立随着谈判的深入，要愈演愈烈，直至最终成功地实施“黑脸/白脸策略”为止。

实施策略的两个人要配合密切，不能够让对方有任何的不适感，一旦发现对方有所察觉，那么就要用一些别的人和事扰乱对方的思维，混淆对方的视听。而且实施策略的两个人要真实的对立，不能够在谈判桌上对立，却在谈判桌下相谈甚欢。

实际上，实施策略的两个人之间的对立不能够超过底线，如果对立过于鲜明也会引起对方的怀疑。因此，实施策略的两个人要打打好好，好好打打，一切都要显得自然得体，如此一来，才能够让对方进入到你所规定的情境模式中，随着你的策略而思考，最终主动地说出你想要的那个

结果。

2. “黑脸/白脸策略”的反制

学会如何反制“黑脸/白脸策略”，使得自身不受到这个策略的任何影响，以此来保证企业的合理利益。

要想反制对方的“黑脸/白脸策略”，你就必须在谈判中始终保持高度的警惕。只有发现了对方在使用“黑脸/白脸策略”，你才能进行下一步有效地反制计划。

（1）直接说出来，告诉对方你已经看穿了他们的策略

在谈判桌上你可以有理有据地说出来，“我已经看穿了你们的策略，因为……”。这种方法需要有非常充分的证据，否则对方是不会承认的。而且你要反复琢磨语言，不能够让对方恼羞成怒，产生对抗心理。

（2）利用对方的“黑脸”，使得对方无法强硬，从而无法实施策略

俗话说：“人心都是肉长的。”无论对方的“黑脸”如何强硬，你都应该用礼貌而柔和的态度对待对方，使其失去所有强硬的理由，策略自然就会搁浅。

（3）利用对方的“白脸”，引起对方领导的误解，从而终止实施策略

不断地向对方的“白脸”示好，而且无论在任何场合中都表现出要拉拢对方“白脸”的企图，如此一来，对方的“白脸”很容易就受到上级领导的误解和怀疑，那么策略最终也是无法实施的。

“蚕食策略”运用及反制

“蚕食策略”是谈判中一种常用的讨价还价的技巧。是指通过争取一些不起眼的小利益，最终达到争取更大利益的目的。

我们在生活中都中过“蚕食策略”的招，比如，到商场买衣服，原本

只想花200元，而实际上却花费了更多的钱。还有就是，更大商场的优惠打折促销活动，究其根本都是“蚕食策略”。

在谈判桌上，对方运用“蚕食策略”能够从你的手中获得更多的利益，刚开始的时候你可能没有在意，但是等到你觉得不对劲的时候，对方已经把更大的利益收入囊中了。

1. “蚕食策略”的运用

在运用“蚕食策略”的时候，你要做好以下几点工作。

第一点工作：切入点要准确，先要得到对方最不在乎的小利益。

“蚕食策略”开始实施的关键是找到对方最不在意的小利益。从这个切入点入手，很容易会“请君入瓮”，只要对方做出了第一个让步，接下来就会做出更多的让步。

如果切入点不准确，一方面会加大“蚕食策略”实施的难度；另一方面也会让对方提高警惕。因此，你不能够着急，一步一步、脚踏实地才能够赢得最终的胜利。

第二点工作：步步为营，稳扎稳打，即使对方察觉也要冷静面对。

“蚕食策略”在实施的过程中，需要你稳扎稳打，不能够着急，你的一步迈错就可能满盘皆输。因此，你需要时刻察言观色，找到对方的利益盲点，并最大化地加以利用。

“蚕食策略”进行到后期的时候，必然会触动对方的利益，对方就会对你的策略有所察觉。越是在这个时候，你越要保持冷静，面对对方的质疑要有理有节、不卑不亢。

2. “蚕食策略”的反制

反制“蚕食策略”的最有效方法就是：坚持自己的原则和底线，在不使谈判陷入僵局的基础上，一一回绝对方所有的利益要求。通俗地说，握在手里的任何一分钱，都是属于企业的，因此，不能够让步给任何人。

谈判桌上是非常特殊的环境，有些事情不是你一个人可以决定的，因此，面对对方的“蚕食策略”，你不能要求每一个人都能够保持理智和清醒。但是企业的利益是必须保证的，你可以利用这一点来说服更多的人。

发现对方运用“蚕食策略”的时候，你最好先不要告诉其他人，而是要与谈判的最高领导沟通，并且拿出相关的有力证据，使得领导在相信你的同时，也对对方产生一定程度的戒心。接下来，你需要不断地找到新的证据，以此来阻击对方的进攻。

总而言之，“蚕食策略”是谈判中防不胜防的讨价还价策略，不仅能够分得对方企业的合理利益，也可以使对方内部产生一定程度的矛盾，从而达到扰乱对方的谈判策略，为自身企业赢得更多的合理利益。

不要阻止对方说出拒绝的理由

既然有讨价还价，就一定要允许对方拒绝你。有些谈判者不喜欢听对方拒绝的话，因此，会千方百计地阻止对方说出拒绝的理由。但是，如果你不知道对方为什么要拒绝你，那么你要如何改进工作，最终赢得更多合理利益呢？所以，在谈判桌上你必须让对方说出拒绝的理由，积极地看待对方的拒绝。因为对方的每一次拒绝都是为了让你更加完美地完成谈判任务。在知道被拒绝的原因之后，你就可以围绕这个原因展开工作，不断地完善和改进谈判方案。

1. 积极接受对方的拒绝理由，不让消极的思想控制谈判

讨价还价的时候被对方拒绝是一件很平常的事情，在谈判中谁都被拒绝过，你也同样拒绝过别人。因此，你没有必要因为对方的拒绝而精神不振。你需要研究的是对方拒绝的理由，而不是对方拒绝你这件事情。

为此，你必须积极地接受对方的拒绝理由，不能消极地看待这件事情。从讨价还价的角度来看，对方每拒绝你一次，你就离自己的最终目标更近了一步，因为对方又给了你一个改进的方向和角度。

2. 针对对方拒绝的理由制定策略，下一次一定不让对方拒绝

如果你只是针对对方的一个拒绝理由而制定策略，那么就会出现这样的情况：对方拒绝一次你就改动一次策略，如此一来，谈判的其他参与者会感到很疲惫，甚至无法理解你到底在做什么。

正确的做法是：这一次对方是用这个理由拒绝你的，那么你不仅要针对这一个理由制定策略，更要把围绕在周边的，与这一个理由相关的问题都考虑周全，并且一次性解决。如此一来，你讨价还价的策略就更加完善了。

3. 当对方的拒绝理由很客观时，你要引以为戒

对方拒绝你的理由有理有据，说明对方是一个谈判高手，而且对你的谈判策略研究得很透彻。那么你就要谨慎小心，把所有的谈判策略都重新地整理一遍，看一看有没有漏洞，或者有没有需要改进的地方。

实际上，当对方拒绝你的理由很客观的时候，你就能得到一个全新的角度，从这个角度，你不仅可以看到自身的问题，也能看到解决问题的方法。因此，你要感谢对方的拒绝。

4. 当对方的拒绝理由很主观时，你也要愉快接受

参与谈判的人很多，而每一个人的谈判风格都是不同的，当对方拒绝你的理由非常主观的时候，你也不要在第一时间里反驳对方，而是表现出虚心接受的样子。面对比较感性的谈判对手，宽容有礼的心理战术往往是最有效果的。

综上所述，要允许对方拒绝你，更要允许对方说出拒绝你的理由。因为这些理由都是你改进下一阶段谈判方案的依据，而且接受对方拒绝的理由，也能够让对方感受到你宽厚的品质。

让步要适当，否则情况会更加糟糕

在谈判的后期，讨价还价是最主要的工作。在讨价还价的过程中，任何一方都必须做出一定程度的让步。如果你不做出任何让步，很可能会导致谈判的破裂。任何人都不愿意看到自己辛苦谈判却得到了最差的结果。

在谈判中之所以要做出让步的决定，是因为基于谈判双方利益的考虑，不做出让步就很难达到共赢的目的。

在让步的时候，要做到以下两点。

1. 让步要适当，无原则的让步会极大地损害企业的利益

任何事情都必须有原则，尤其是对于让步来说。我方的让步一定不能损害企业的利益。无原则的让步不仅会损失自身企业的利益，而且也无法保证对方企业的利益。

为此，我方在让步之前要设定一个最终的底线，任何程度的让步都不能够触动这个底线。这个底线需要参与谈判的本企业人员一起商讨，在集体通过和认同之后，所有的人都必须要遵守这个底线。

底线的设定首先要保证企业自身的利益，还要对对方企业的利益有所顾及，在考虑了所有的因素之后，这个底线才是可以操作并且具有现实意义的。

2. 让步要适时，不要着急，让步不是退步而是进步

有些人认为让步是实在没有办法的办法，这种理念是错误的。

对于谈判双方来说，让步不是退步而是进步。因为只有及时、准确地让步，才能够推动谈判向着圆满的方向前进。但是，让步是一门艺术，你不能太着急，如果操之过急，会得不偿失。

准确地说，让步是谈判双方都必须考虑的问题，而有理有节的让步，不仅会增进企业之间的信任，也能促使企业之间更多的合作。如果你在谈判中坚持不让步，或者让步的时机不对，那么就会直接导致谈判的无结果。

综上所述，让步是谈判中的必经之路，只有做到有底线有原则的让步，才能够实现让步的真正价值。

毋庸置疑，让步不是消极的承受，而是企业为了达到共赢的目的所做出的更加积极的努力。

略施小惠，同时索取回报

既然要讨价还价，就必须要懂得略施小惠。当然了，谈判桌上没有免费的午餐，在略施小惠的同时，你也要索取一定的回报。只要对方接受了你的小惠，要怎样的回报就是由你来掌握的了。

略施小惠，同时索取回报是讨价还价的策略之一。最关键的问题是要对方接受你的小惠，如果对方不接受，你的下一步策略就无法进行。如果对方接受了，那么你就可以堂而皇之、光明正大地索取回报了。

你在实施略施小惠，同时索取回报的策略时，一定要遵循以下几个原则，否则你就会“赔了夫人又折兵”，最终得不偿失。

1. 细致观察对方，你的小惠一定要是对方最急切的需求

如何施惠是一门学问，不能够随便施惠，你给予对方的小惠，一定要是对方最急切的需求，而且要给的及时，否则就会失去效用。

2. 施惠的时候要自然，不要让对方认为你另有所图

施惠一定要在一个偶然的机会里，自然的施惠才不会让对方认为你另有所图。不过，越是对方认为的偶然，你越要下功夫等待和安排。

3. 施惠之后要坦然，不要给对方留下斤斤计较的印象

施惠之后要在对方面前绝口不提，好像你已经忘记了这件事情一样。如此一来，对方才会从内心深处真正地感谢你，你的下一步计划才有机会实施。

4. 重点是要索取回报，最好让对方主动提出

略施小惠只是一个前提，真正的重点是要索取回报。至于索取回报的话，最好能够让对方先说出来。如此一来，你就能够占得先机，将对方诱进你的计划中。

5. 引导对方的思维方向，从对方口中说出你的话

既然对方已经说了要回报你，那么这个回报一定要用在最关键的时刻。策略实施的这个阶段就需要你多与对方沟通，间接地把自己的需求告诉对方，让对方深入地了解你的需求，然后让对方替你说出来。

6. 回报要正中下怀，策略才是成功的

略施小惠的最终目的是为了索取回报，而索回的这个回报必须是你的需求，只有如此，你的策略才是成功的。如果对方给你的回报不是你所需要的，那么你的策略就是失败的。因此，你必须在施惠的同时，想好要什么回报，这样才能做到有的放矢。

由于略施小惠的同时就索取回报，很容易让你变成一个斤斤计较的

人，要想保持自己的良好形象，你就必须让对方主动地要求回报。如此一来，你不仅可以保持良好的形象，企业也会获得所需要的回报。

总而言之，在谈判的讨价还价中，如果能够让对方主动地回报你的施惠，那么你就已经成功一大半了。

掉头就走，你准备好了吗

谈判后期的讨价还价中，当你决定掉头就走的时候，你是否已经准备好接受所有的后果了呢?

说实说，掉头就走真的是一件非常痛快的事情，也许你在生活里经常会掉头就走，但是在谈判桌上，你是不能如此任性地处理问题的。虽然掉头就走是非常干净利索的做法，但却是不负责任的做法。你有没有想过，你留下的烂摊子，要谁为你善后呢?

在你决定绝对掉头就走的时候，一定要想好以下几个问题。

1. 掉头就走之后要如何面对谈判中的其他人

你的行为必须向企业负责，也就是说，你必须向一起参与谈判的同事们交代。如果你是任性而为，那么你必须要得到同事们的谅解，否则你将无法在企业中立足。如果你是有计划的，那么你必须拿出能够说服同事们的实施方案。

总之，在你非常痛快地掉头就走之后，你必须给参与谈判的其他同事一个非常有说服力的理由。

2. 掉头就走之后要如何面对对方企业的谈判者

你的掉头就走若是有理由的，那么你就必须要给对方企业的谈判者一个合理的解释。而且你要对自己的行为负责任，无论对方是否接受你的解

释，你都必须解释到底，直到对方接受为止。

谈判桌上不是你能够任性而为的地方，如果你的解释无法说得通，那么对方是不会给你留任何情面的。而且你的行为会直接导致对方怀疑你所在企业的能力，因此带来的一切后果，你都必须一个人独立承担。

3. 掉头就走之后会出现什么善后问题

掉头就走之后，会出现意想不到的善后问题，而这些问题你是无法逃避的，你必须要面对并且解决。最关键的问题就是“你为什么要做出这种行为?”或者“你的行为是在对谁抗议?”

对方会抓住你一个人的行为向企业发难，提出各种质疑问题，而所有的合理、不合理的问题，你都必须要回答，如果你不能够给出令对方满意的答案，那么你就必须要接受企业的惩罚，因为你损害了企业的形象和利益。

4. 掉头就走之后还要不要继续谈判

你掉头就走了，其他人还要继续谈判，即使你不再参加谈判，也不代表谈判就可以结束了。如果你还要继续参加谈判，那么你就会面对各种质疑的声音和目光，你已经准备好要面对这一切了吗?

如果你准备好了，那么现在你可以掉头就走了。但是如果你没有准备好，那么你还是坐下来冷静一下吧!

礼貌而坚定地撤回承诺

谈判进行到最后阶段，正是要兑现各种承诺的时候，为什么要撤回承诺呢?

答案非常简单，因为对方没有兑现自己的承诺。

谈判从来都不是单方面的事情，而谈判中的承诺也是双方面的，当一方无法兑现承诺的时候，另一方就有充分的理由撤回承诺。

当你决定要撤回承诺的时候，一定要做到礼貌而坚定。你必须让对方明白，撤回承诺是迫不得已的事情，因为多种因素的影响，导致了你今天撤回承诺的行为。而导致这种行为发生的主要责任并不是本企业，而是对方企业所造成的。

其实，撤回承诺是一项不容易做的工作，你需要分几个步骤来完成这项工作。

1. 通知对方撤回承诺的决定，并且告知详尽的理由

最佳方法是：面对面地通知对方企业，我方企业已经决定要撤回承诺，而且要形成书面文件告知对方企业我方企业撤回承诺的具体原因。使得对方企业明白，我方企业是在深思熟虑之后才做出撤回承诺的决定的。

在书面文件中，需要详尽地阐述我方企业撤回承诺的理由，而且要将事情的来龙去脉都分析清楚，并且说明如果对方企业有任何疑问，都可以致电或者来人咨询。简单地说，承诺是被撤回了，但企业之间还是要以诚相待。

2. 实施的过程中不要咄咄逼人，即使是对方的问题，你也要礼数周全

一般情况下，撤回承诺会有多重原因，即使是对方企业的问题，你也不要在实施的过程中摆出咄咄逼人的架势。凡是涉及谈判中的事情，你一定要尽量处理得低调一些。因为这些事情都不是个人的事情，而是两家企业的事情。

客气而有礼貌地撤回承诺，在给足对方企业面子的同时，也能够为自己争得好人缘。而好的人际关系在谈判中，甚至在职场中都是一笔看不见的财富。因此，无论在任何时候，你都必须礼数周全。

3. 不给对方留有幻想的余地，坚决执行企业的各项决定

礼数周全是为了更好地执行企业的各项决定，对于对方企业的挽留，你可以在第一时间拒绝。这样做是为了不给对方企业留有幻想的余地，并且表达了我方企业撤回承诺的坚定决心。

实际上，坚定的撤回承诺也是为了对方企业着想，当我方企业撤回承诺之后，对方企业一定会通过其他渠道得到帮助。如果我方企业一直不做出明确的答复，那么对方企业会始终抱有幻想，如此一来，就会耽误对方企业的正常工作和发展。

所以，在决定撤回承诺的时候，你一定要做好善后工作，不能给对方企业留下不好的印象。因为对于企业来说，市场形象是非常重要的财富和竞争力，如果留下了不好的形象，就会直接影响到企业的名誉和竞争力。

第六章

销售沟通：信任+喜欢

很多人觉得同客户沟通是一件非常麻烦的事情，要经常受到客户的各种刁难，不少职业经理人也会陷入到这种困惑中。

其实，同客户沟通并不是简单地介绍产品，不停地劝说客户购买，这样的沟通是失败的。

一位伟大的推销员，都有一套同客户沟通的技巧。在这技巧中，绕不开的是“信任”和“喜欢”。

因此，在同客户沟通时，要让客户对你深信不疑，喜爱有加，这样会很容易促进交易的完成，你也会觉得客户原来也很可爱。

第一节 销售产品之前先销售你自己

世界上最伟大的推销员乔·吉拉德对所有的推销员说："推销的要点是，你不是推销商品，而是在推销你自己。"

作为销售经理，在销售产品的时候，要先销售自己，把自己像商品一样展示给客户看。当客户对你心生喜爱的时候，你的销售就成功了一大半。

"孔雀法则"：强化自己的优点和差异性

余一在见客户之前，特地在镜子前看了自己一眼，一丝不乱的发型，整洁干净的职业套装，标准的职业微笑。余一很满意，这样的外形也似乎没有任何可挑剔的地方。

到了见面地点，余一礼貌地同客户李先生握手，并说："李先生您好！很高兴见到您！"

李先生也礼貌地对余一说："余经理您好！"

两个人坐下之后，各自点了一杯饮料。

随后，余一便说："李先生，您看，这是我们公司新推出的产品。"

李先生接过产品，看了一眼，便将其放到了桌子上，显得兴趣不大。

余一见状，连忙说："我们这个产品主要是针对像您这样的商务人士开发的……"

在接下来20分钟的时间里，余一详细地为客户李先生介绍产品的优势，期间李先生一直点头微笑，认真倾听。

待余一介绍完毕，李先生开口说："余小姐，我发现做你们这行的都是一个套路出牌嘛!”

余一听后，表示不解。

李先生继续开口说：“其实，我已经和几家同贵公司一样的公司进行了沟通。发现你们说辞都一样，做出来的产品嘛，也差不多。说实话，我实在看不出来你们和那些公司有什么不同，没有什么吸引我的地方。”

余一有些尴尬，不知道说什么，只是感觉自己遇到了难缠的主。

李先生看到余一的反应，爽朗地笑了笑，说：“听了您的介绍，我对产品很了解了，今天就这样吧，我再考虑考虑。”

余一尴尬地起身，同李先生握手再见。

在动物界，孔雀有自己的一套法则。

雄孔雀在春天会展开自己色泽艳丽、五彩缤纷的羽毛，并不停地做出优美的动作，以此吸引雌孔雀。而雌孔雀确实会被那些尾巴更大、羽毛更加艳丽的雄孔雀吸引。因为，这样的雄孔雀更加健康，更有优势。

现代社会，我们总会感叹同质化的严重，就连路边的美女也美得越来越相同，让人看不出孰更美。

为了吸引客户的注意力，成功地走进客户的心中，销售人员在同客户沟通的时候，可以学习雄孔雀，不断地强化自己的优点与差异性，成功地将自己推销出去。

那些口才好的，可以在沟通中尽力表现自己过人的口才；专业能力强的，可以尽力表现自己的专业能力；亲和力十足的，在见到客户第一眼就要向客户展现自己的亲和力；同客户有相同爱好的，不断地放大这个共同爱好，同客户尽情交流……同时，为了营造眼前一亮的感觉，我们也可以在穿着打扮、言行举止上下功夫。

事实上，当我们不断强化自身优点的时候，已经在向客户展示自己的不同之处了。当然，我们要确保这个优点符合客户的“审美”，给客户心生好感，愿意同你沟通下去。

客户更愿意相信自信的人

陈好是一家网络科技公司销售部刚升上来的经理。老总让陈好去见一位客户，并要求她把公司新做的网站推荐给他。

第一次见这样重量级的客户，陈好有些紧张。在礼貌地同客户打完招呼之后，陈好就开始推销公司的产品。

在推销过程中，客户问陈好："请问陈经理您懂相关的技术吗?"

陈好摇摇头，表示自己是销售部的，只负责产品销售，对技术并不了解。

客户听后说："哦，怪不得，既然你都不熟悉这个网站，怎么能清楚地推销给我呢?"

陈好面对客户的质疑，表情有些不自然，嗫嚅着说："虽然我不太熟悉，可是，我们的这个网站有很大的优势，比较符合您公司的要求……"

客户并没有打断陈好的话，可陈好的声音却一点点低下去，自己也不知道说了什么，感觉羞愧极了。

最后，客户笑着说："我再考虑考虑。"

作为销售人员，在同客户沟通的时候，一定不能少了自信，否则会让客户觉得你不专业，没有底气。而作为经理级别的人物，更需要如此，缺乏自信更会让客户怀疑你的能力和公司的能力。

自信是一种素质和修养，是专业的表现，可以为彼此之间的沟通加分。

客户都喜欢接触自信的销售人员，除了他们态度礼貌，解说周到外，还有一个重要的原因，是他们相信自己能成功。这种自信的状态，更容易让客户相信他，相信他推销的产品。

一位心理专家对四名销售人员进行了一个心理测试。

这位心理学家问四名销售人员："如果你正在同客户交谈，这时，突然从外面走进一个人，并且他盯着你看，你对此会有什么样的反应？"

第一位销售人员说："我会被他打断。"

第二位销售人员说："我会装作没看见，继续自己同客户的沟通。但是，可能会有些紧张，表述不清楚。"

第三位销售人员说："他盯着我看，我也会盯着他看。"

第四位销售人员说："如果这个人只是盯着我看，并没有打断我的谈话，我会继续同客户沟通。"

在这四个人的表现中，第四位销售人员的表现无疑是最好的，因为他最自信。前面三位销售人员极易受到外界的影响，只是一个人盯着他看，就迫使他们中断了同客户的谈话，做出一些行为，这是内心不安及不自信的表现。并且，这样的行为表现在客户看来是很不礼貌的。

因此，销售人员在同客户沟通的时候，切记不要表现得紧张，没有底气。怯懦的销售人员并不会给客户留下好印象。你的不自信很容易让客户觉得你不专业，对自己推销的产品没有信心。

"得体"让客户从心理上认同你

我们在同他人接触的时候，会受到"首因效应"的影响。一个举止优雅、说话得体的人，很难不会给我们留下好的第一印象。而如果我们沟通的对象是一位外形邋遢、言语粗俗、行为不羁的人，在看到第一眼，就不想同他交谈下去，因为他带给我们的不是视觉上的盛宴，而是视觉上的冲击。

所以，在销售产品之前，要努力打造自己得体的形象，给客户留下一个好印象，让客户从心理上认同你。

1. 穿着得体

韩靖为人比较随和，被公司的下属笑称为“艺术家”。其实，韩靖琴棋书画样样不通，他之所以被称为“艺术家”，是因为他的穿着打扮实在是太“艺术”了，平时，他总喜欢穿一件肥大的T恤，一条破洞的牛仔裤，一双看不见本色的球鞋，背一个双肩包，活像位流浪歌手，即使见客户也是如此。

而不修边幅，豪放不羁的韩靖总是给客户印象最深的那一个。幸亏韩靖为人热情，嘴会说，不然，客户真的很难同流浪歌手气质十足的他坐下来谈业务。

打造得体的衣着就是打造品牌形象的过程。换位思考一下，如果你被一个衣着随便，甚至可以用“邋遢”两个字来形容的人敲开了房门，你会放心让他走进你的屋子吗？估计，你连放心同他交谈都不会。

一般来说，得体的穿着，会让客户在第一时间里记住你，对你产生好感。即使我们不在穿着上讲求精致，至少也要确保自己穿着干净整洁，搭配协调。因为，这不仅代表了自己的个人形象，更代表了产品的形象和公司的形象。

2. 言语举止得体

李文彬同客户刚说没几句话，就被手机刺耳的铃声打断了。李文彬一看是重要的电话，赶忙起身，把客户晾到了一边，到另一边接电话。

接电话的李文彬，嗓门极大，手舞足蹈，不时掺杂点不太入耳的口头禅，让周围的人有些不满。

李文彬挂了电话，歉意地对客户说：“不好意思，刚才有个电话。您看……”

李文彬话还没说完，客户就开口道：“李经理，不好意思，我有一件重要的事情要处理，我们下次再约时间吧。”然后就走了，留下还没有搞清状况的李文彬傻傻地坐在那里。

外在的衣着形象是打造第一印象的利器。但是，光鲜亮丽的衣着之下，言语举止粗俗不堪，将会很快地毁掉我们在客户心中美好的第一印象。

在同客户沟通时，要做到言语上谦虚，有礼貌，不能言语偏激，充满攻击性，让客户感觉同你说话是一种享受，而不是刺耳的噪声。

同时，行为举止要得体，符合自己的身份。将手插入口袋中，或者手叉腰，交叉放在胸前等，都会让客户觉得你傲慢无礼，进而影响沟通的情绪。而如果我们在同客户交谈的时候，摇头晃脑，左顾右盼，或者干脆跷起二郎腿或抽烟，就更显得不尊重他人，会让客户觉得你素质低下，没有职业素养。

为此，在同客户沟通时穿着要整洁大方，说话要亲切自然，举止要文明优雅。这样才会给客户留下一个好印象，让客户在心理上接受你，愿意同你交谈，即使推销不成产品，你也会因为“得体”而成功地推销了自己。

寻找共同点，让客户喜欢你

杰弗琳挨家挨户地推销公司新推出的化妆品。

可是，结果往往是杰弗琳面带微笑，刚说了一句“您好，请问您需要……”之后就被人拒绝了。即使是遇到有礼貌的客户，会耐心地听杰弗琳介绍完，可往往仍是被拒绝。

畅销书《销售圣经》的作者杰弗里·吉特默说：“如果你找到了与潜在客户的共同点，他们就会喜欢你、信任你，并且购买你的产品。”

事实证明，人们往往更喜欢与有共同点的陌生人交流。即使交流不是

出自真心，也会在共同点的驱使下同对方继续交谈，在心里喜欢对方。

销售人员在向客户推销产品的时候，往往是一开口便被客户否决了。或者是说了长篇大论的话，仍是被客户依据“不需要”给拒绝了。销售人员在同客户沟通的时候，要避免那种商业化的语言。

同客户沟通，推销自己的时候，不妨从情感出发，找到你同客户的共同点，由共同点引出共同话题，让客户觉得你同他有话可聊，让客户喜欢你，然后慢慢挖掘客户的需求。这样的沟通才最有效。

所以，销售人员在同客户交谈的时候，要注意观察，从客户的言行举止、兴趣关注点出发，找到自己同客户的共同点。对于那些专业性要求比较高的领域，比如音乐、绘画、古董等，我们不能一知半解，要真正的感兴趣，并对此有一定的研究，这样同客户沟通起来才能吸引客户。不然，很容易让客户觉得你不懂装懂，刻意地套近乎，很容易对你产生不好的印象。

我有一个朋友是一位销售经理。他应邀到一位客户的家里去谈业务。走到书房，客户问朋友喜欢喝什么饮料，朋友注意到客户的桌前放了一套精美的茶具，于是说：“喝茶。”客户听后去给他沏茶。在这空余时间内，朋友注意到这位客户的书架上放了不少中国古典文学方面的书籍，朋友大学时期选修过古典文学的课，本身对古典文学有些研究。

在后来的谈话中，客户对朋友说：“看你年纪不大，很难得喜欢喝茶啊!”

朋友笑着说:“其实，我也不懂茶，只不过咖啡喝多了，会想着喝茶。”

客户点点头。

朋友继续说：“您书房里珍藏了不少书。”

客户说:“嗯，都是些中国古典文学，可惜了，现在的年轻人都不看了。”

朋友对客户说：“我上大学时，选修过古典文学方面的课程。从小也在外公的熏陶下，读了几本古典文学的书籍。”

客户听朋友这样说，表现得挺感兴趣，同朋友在一起就古典文学谈了很久，茶是喝了一杯又一杯。

临走后，客户拍拍朋友的肩膀说：“年轻人，同你聊天很开心啊！”

就这样，朋友在同客户的多次闲谈中签了单。

幽默能为你在客户心中的形象加分

两个公司的业务员争相向客户夸耀自己公司的保险产品。

一位业务员说：“我们公司几乎都是在投保人发生意外的时候将支票送到他们手上的。”

另一位业务员不屑地说：“你那算什么！我们公司在23层。有一天，一位投保人从公司大厦的顶楼摔下来，在他坠落途经23层的时候，我们已经将支票塞到他的手上了。”

就这样，第二位业务员成功地赢得了客户的好感。

当然，这很夸张，是不可能的事情。但是，细研究第二位业务员成功的原因，正是幽默。

幽默是一个人风趣的表现。利用幽默，可以带给人欢乐，更利于交谈的继续进行。

国外有一项调查显示：有97%的推销员认为幽默在推销产品的过程中具有很重要的价值；有60%的推销员认为，幽默决定了推销事业成功的程度。

我之前的公司有一位销售高手，手里积累的客户很多，同客户关系也很不错。客户对他的评价是“幽默风趣”，表示很愿意同他再次合作。

有一句话说：“买卖不成话不到，话语一到卖三俏。”这里的“俏”就是幽默。幽默更能让你赢得客户的好感，为你在客户心中的形象加分。

一般来说，人们对陌生人都有戒备心理。尤其是客户，面对推销员，

内心深处会有些抵触，两个人之间的气氛就有些不自然，甚至是尴尬。即使你表现得体，也不一定会让客户对你产生好印象。而如果在同客户沟通的时候，适当地运用幽默策略，很容易让客户觉得你很亲切自然，从而放下戒备心理，很快地打开心扉，愿意同你进行沟通。

因此，在同客户交谈的时候，可以适时地展现自己幽默风趣的特点。如果可以，不妨在开场的时候，就用幽默打开话题。当然，这要看人。如果对方一脸严肃，而且充满敌意，可以暂缓幽默，不然很容易让对方觉得你油腔滑调。待熟悉对方情绪，沟通展开下去之后，再适时地运用幽默的言辞，讲个无伤大雅的小笑话，加深客户对你的好印象，促进谈话的深入。事实上，客户很难拒绝一个擅长幽默的人，也喜欢同幽默的人交往，当客户对你的评价是“幽默风趣”的时候就表明你在客户心中的形象还不错。

不过，幽默要把握一定的分寸。

幽默要高雅得体，不能漫无边际地开玩笑，更不能开粗俗的玩笑。这样会很容易引起客户的反感，觉得你油腔滑调，没有素质。最后，即使你推销的产品再好，也会因为你的人而否定你的产品。

同时，幽默要到位。不然，说出来的话就是冷笑话，更会造成双方之间的尴尬气氛。而且，我们在幽默时，一定不能运用过于激烈、带有攻击性的言辞。不然，很容易会同客户之间产生言语上面的冲突。最后，好形象没有树立起来，反而担上了“没素质”的评价。

第二节　沟通技巧助你成为销售冠军

沟通要有技巧，尤其对于销售人员来说，沟通的另一方经常是陌生人，如何让陌生人相信你的话，并心甘情愿地掏钱包，更需要技巧。

销售界还有一句至理名言，即："成功的推销员一定是一位伟大的心理学家。"同客户沟通，沟通技巧很重要，而深入客户心理的沟通技巧更能摧毁客户的心理防线。

作为职业经理人，一定要有一套完备的销售技巧，这样才能更好地指导下属成为优秀的销售人才，带领优秀的销售团队取得更大的成绩。

巧妙询问法：诱导客户说出真正需求

有一位老太太上街买水果，走到一个水果摊前，水果摊的小贩说："老太太，我们家的水果比较多，您想要什么？"

老太太说："我要买李子。"

小贩说："我们家的李子又大又甜，包你喜欢。"

老太太一听，没有说话走了。

老太太又走到另一家水果摊前，水果摊的老板问："老太太，您要什么水果？"

老太太说："我要李子。"

老板说："我们家的李子多，大的，小大，酸的，甜的，您是要哪一种啊？"

老太太说："我要酸的。"

老板说："我们家的李子有一种特别酸，您先尝尝。"

老太太一尝，果然很酸，便买了一斤。

老太太走到第三个水果摊前，看到这里的李子水灵灵的，便问老板："李子多少钱？"

老板说："李子价钱都不一样，您问哪一种？"

老太太说："酸的。"

老板一听，疑惑地问："酸的？别人都喜欢要甜的，您怎么偏要酸

的呀？”

老太太说：“儿媳妇怀孕了，想吃酸的。”

老板一听原来如此，对老太太说：“孕妇需要补充维生素，光吃酸的可不行。在水果中，猕猴桃的维生素最丰富，也最适合孕妇吃。”

老太太一听，立马称了一斤猕猴桃。

在这三位卖水果的老板中，第三个老板是最会做生意的，因为他最善于挖掘客户的需求。

很多业务员表示，接待陌生客户是非常具有挑战性的任务，也很容易失败。

有些业务员在还没有了解客户需求的情况下，就盲目地推荐产品，最后是白费了口舌；有些会不停地挖掘客户的需求，却因为询问方法不对，题跑得越来越远；有的甚至会“反主为客”，被客户询问，最后倒是客户对自己的公司、产品、业务了解得一清二楚，自己对客户却一无所知。

这些都是在推展业务的时候没有掌握询问法导致的。作为领导者，更不可能再有这样的困惑，要善于进行针对性的询问，在一点点的询问中，诱导客户说出自己真正的需求。

在这里，询问要巧妙，要有针对性和目的性，确保自己提出的所有问题都在围绕着一个话题进行，那些烦琐的无关紧要的话题放在最初的沟通感情阶段就可以了，在正式进入推销过程中，就要确保自己不跑题，有目的。

在具体的询问过程中，我们还可以询问一些比较具有开放性的问题，比如询问以下问题。

“您觉得这个产品怎么样？”

“您平时会使用什么样的产品？”

“您希望我们的产品怎么做才能满足您的需求？”

“您对这样的产品有什么样的看法和建议？”

“哪些问题会让您觉得很头疼?”

……

这些带有“怎么样”“什么”“哪些”“为什么”等提问都比较适合询问客户的需求。因为它们具有开放性，对客户的问答没有限制，客户很容易会根据自己的爱好回答，也很容易在回答中透露自己的真实想法。

利用询问法挖掘客户需求有一定的要求，即反应敏捷，有处理大量信息的能力，并且能够根据客户的回答进行深入的沟通。

模糊语言：让客户以为你很懂他

心理学中的巴纳姆效应称，人们往往会被笼统的、一般性的人格描述所吸引，常常会对号入座，觉得说的正是自己。

人们的这种心理反应会被星座、血型、性格描述等利用，它们多用一些通用性、模糊性的语言让听者深信不疑。

正如赵本山在《卖拐》中问范伟：“你最近是不是觉得身体的某一个部位和以前不一样了?”其实，在这里，赵本山运用的也是模糊性的语言，里面“最近”“某一个部位”“以前”等都带有一定的模糊性，让范伟顺着他的暗示想。

我们在同客户沟通的时候，可以将巴纳姆效应运用其中，通过一些模糊性的描述，让客户觉得你很懂他，从而让客户相信你，愿意同你进行深入沟通。

艾米是一家化妆品公司的店长。店里的化妆品针对的对象是25~35岁的职业女性。

一天，一位衣着干练的年轻女士推开了店门。艾米一看来人，就大致判断出她的年龄和身份。

艾米赶紧上前，礼貌性地对顾客说：“小姐，您好！请问有什么需要

帮忙的吗?”

女士冲艾米点点头，没有说话，在一个法国品牌的专柜上停了下来，拿起一瓶补水保湿的产品细细研究。艾米紧跟其后，对她说：“小姐，您最近是不是觉得皮肤很干啊?”

女士抬头看着艾米说：“是啊，早起洗脸后，总觉得自己皮肤紧紧的，化妆的效果也不好。”

“那您是不是觉得一天下来皮肤又有些油腻，脸色还有些暗黄?”

女士连忙点头：“对，就是这样。”

艾米继续说：“小姐，最近是不是经常面对电脑，熬夜，饮食不规律啊?”

女士又点头，有些苦恼地说：“前几天公司加班，面对电脑的时间比较长，经常会有熬夜的情况。”

艾米暗笑，继续说：“其实，作为您这样的高级白领，整天对着电脑是经常的事情。可是，电脑辐射却给皮肤带来很大的困扰。像您这种情况，经常对着电脑又熬夜，再加上饮食不注意，干燥、油腻、色斑、痘痘，很多皮肤问题都会出现，长期不重视，很容易带来大的问题。您皮肤底子很好，但是，因为对着电脑，肤色不均，在颧骨附近又有些淡淡的色斑，需要很好地保养才行。我们这款产品就是针对白领女性设计的，彻底清洁皮肤，高效面部防护，能起到很好的效果。”

这位女士一听艾米这样说，连忙让艾米推荐适合她的产品。

最后，艾米成功地将产品卖给了那位年轻的女士，两个人还互加了微信，艾米告诉她，有什么皮肤问题都可以咨询她。

在这里，艾米在判断对方基本身份，判断其工作环境之后，运用模糊性的语言，让顾客不停地点头。而所谓的皮肤干、油腻、长斑、痘痘、肤色不均等几乎涵盖了女性所有的皮肤问题，而长期面对电脑、熬夜、饮食不规律等是大部分职场女性现实的工作和生活状况。艾米用这种模糊通用性的描述，让顾客觉得她很专业，很懂她的状况，愿意让她推荐。其实，在这里，艾米并没有对这些问题深入描述，也不能深入描述。

模糊语言在销售产品的时候很有效。但是，销售人员在描述产品本身的时候，不能模糊，不然很容易让客户觉得你不专业。同时，要有一定的把握，不能乱说一气。要在观察客户行为动作、表情神态的基础上，判断出他们的工作环境和生活环境，再以此判断，说一些不错的话，引导客户将真实情况说出来，再顺着客户的真实情况进行准确描述。这样，很容易获得客户的信任，打开他们的心扉。

数据展示：增强语言可信度

当你告诉别人一家企业有很大的规模时，关于“很大”这个概念，不同的人有不同的理解，对你的话不一定会相信。如果你告诉他，这家企业有3000多名员工，跨房产、超市、酒店、医院、矿产等多个行业，每年业绩上亿元。这个时候，在你详细的数据描述之下，对方会回应说：“确实很大。”

又如，在淘宝上购买商品的时候，人们也会看它的月销售量，看它的累积评论。那些月销售量越高，累积评论越多的商家会被我们选择。因为，这些数字代表了它们产品好，信誉高。

这些都在证明，数据具有很强的说服力。因此，在同客户沟通的时候，可以适当地让数据为我们说话，增强语言的可信度，让听的人相信我们所说的话。

赵树启在外跑业务，看到几位晨练的大妈在聊天，口中不停地说“可惜了”。

于是，赵树启便好奇地凑了上去，问：“大妈，晨练结束了，你们几位老人家在讨论什么呢？”

看到是一位白净老实的小伙子，一位大妈热心地回应：“小伙子，你没有看到，刚才那一幕多吓人啊！一个好好的人被车撞了，当场就没救了，家属在一旁哭得可伤心了。”

赵树启一脸可惜的表情，说：“怪不得我在那里看到那么多的血呢！现在啊，交通事故频发，每年全球就有127万人死于交通事故，其中行人、骑自行车或者摩托车者就占了46%。”

大妈们难以置信：“哎哟，真的假的，那么多啊?”

赵树启说：“是啊。现在城市发展那么快，遇到上下班高峰期人多拥挤，或者雨雪天气的时候，交通事故很容易发生。”

大妈们听了都点头。

赵树启继续说：“交通这种意外事故都很突然。很多家庭因为出了这样的事故而陷于崩溃，不少家庭还因此背上大笔债务呢。”

一位大妈连忙说：“是啊。我之前有一个邻居，男的出了交通事故去世了，剩下老婆和两个孩子，还有一大笔房贷，真是可怜!”

赵树启说：“是啊。虽然意外事故我们躲不了，但是可以采取措施，降低损失。”

大妈们一听，很感兴趣，纷纷问赵树启怎么降低损失。

赵树启说：“我们国家的居民挺排斥保险的。但是，保险就是防患于未然。现在我们公司针对交通事故推出了安行保，就是针对意外事故，如交通、地震、海啸、航空等推出的险种。投保人只需要每天投入3元，就可以在30年里享受高达200万元的交通意外和其他意外保障。”

大妈们一听，都说：“那么多啊!”

赵树启点头继续说：“不仅如此，在投保人保险期结束以后，保险公司会以120%的比例退还所有投保金额。这个时候，这笔金额就是很可观的养老费用啊。”

大妈听后觉得挺好。

于是，赵树启趁机拿出自己包里的文件，对大妈们说："这类险种特别适合那些经常在外出差的人，让您有百万身价，安心出行。这是我的名片，还有关于这个保险的具体情况，你们可以看一看，多了解了解。"

当天，就有两位大妈打电话给赵树启，告诉他要让孩子投保。

在推销技巧中，数据是一个重要因素。在向客户推销产品的时候，就可以用数据列举产品的种种优势，从产品的使用人数、产品的质量、交易量、见效程度等多个方面展示数据。这样，会显得你很专业，产品很好。

不过，所展示的数据要尽量真实。如果忘记了具体的数字，可以说一个大约的数值。但是，说的时候千万不能犹豫，不然，会让客户觉得你在说谎。

"双重束缚术"：不给客户拒绝的条件

冷读术是一种非常有效的打开陌生人心扉的沟通技巧。在冷读术众多的技巧中，"双重束缚术"是一种非常实用的方法，它是一种不让对方说"不"，不给对方拒绝条件的沟通技巧。

相信很多人都看过类似于下面的故事。

一个人到一家小吃摊吃面。

摊铺老板问他："里面需要加蛋吗？"

这个人说："不要。"

另一家同样的小吃摊也在卖面。

老板问进来的客人："您的面里是要加一个鸡蛋，还是两个鸡蛋？"

客人一听，说："加一个鸡蛋吧。"

就这样，通过这种方法，第二家的生意要比第一家好很多，每天要多卖出很多鸡蛋。究其原因，是因为第二家老板沟通注重技巧。

第一个老板问客人"需不需要"，客人提供的答案只有两个，即"是"

或者“不”，被拒绝推销自然就失败了。而第二个老板却巧妙地问客人“一个还是两个”，这个提问是不可以用“是”或者“不”来回答的，答案虽然也只有两个“一个或者两个”，但是，无论是哪一种选择，老板的鸡蛋都会被卖出去。

在这里，第二家卖面的老板用的就是冷读术中的“双重束缚术”，即提供给客户“A”或者“B”的答案，不给客户拒绝的条件。

“双重束缚术”可以很好地运用在同客户的沟通上，运用得当，能够很好地打开客户的心扉，将产品销售出去。

比如，你卖化妆品时，问客户是要“美白”还是“补水保湿”；卖保险的时候，问客户是要购买“意外险”还是“人寿险”；卖饮料的时候，问客户是要“咖啡”还是“茶”。待客户选择好之后，接下来要做的就是详细地为他们介绍产品。

“双重束缚术”是让客户做选择题，带有很大的诱导性，很难让客户用“不”来回答。因为“双重束缚术”并没有提供给客户回答“是”或者“不”的回答模式。而在语言习惯和心理模式之下，当客户被告知只可以从两个东西中选出一个时，他们的关注点就会从“我为什么要选择”转移到“选择哪一个好”上。最后的答案，自然是你想要的。因为，你只是提供给客户两个选择方案而已，无论是选择哪一个方案，最后的合作者仍然会是你，即方案的提供者。

“双重束缚术”看似是客户依据他们的需求做了选择，实际上是你给他做了选择，你是决定者。这很难让客户察觉到你的心机，很容易同你建立良好的关系。所以，在推销产品的时候，不妨设计好“A”或者“B”的答案，让客户做选择题。

逆向沟通术：让客户说“是”

很多人在向客户推销产品的时候，经常会问客户“您需要这种产品吗”“您对这种产品有没有什么意见”。

通常情况下，人们对“推销”一词非常敏感。一听到有人这样问，很多人就会连忙摆手，口中不停地说“不需要”“没有”，最害怕你缠上他，不管需不需要，也不愿意花时间听你后面的产品介绍。

面对这般不通情达理的客户，推销人员往往会很无奈。

其实，换一种沟通方式，会收到相反的沟通效果。

我有一个做销售的朋友，他的业绩在部门中总是数一数二的。我在同他谈话中，问他难道就没有被客户拒绝的时候吗?

他很自信地对我说：“我会想尽一切办法让他们说‘是’，不给他们拒绝的机会。”

心理学研究表明，当人们说“是”的时候，全身是放松的状态，多会积极地接受外界的事物。而说“不”的时候，全身处于紧张状态，对外界的事物是排斥和拒绝的。如果连续地说“不”，则会处于完全排斥的状态，很难促进事情的完成。

所以，从心理学的角度来说，在同客户沟通的时候，要尽量避免谈论让客户说“不”的问题，不给客户拒绝的理由，让客户说“是”。

当你在销售一个产品的时候，先问客户多个问题，如果这多个问题从客户那里得到的都是肯定的答案，那么接下来的沟通往往会很顺畅，成功的概率将会大增。

为此，在具体的沟通过程中，不断地询问客户“是吗”，这是逆向沟通术，是在就一个事实情况暗示客户说“是”。实际上，当客户说一次“是”，就会对你和你的产品有一次认可，说多了，就会对你产生一种信

任，很容易让他们在心理上觉得应该对你放心，应该购买这种产品。

因为这种询问方式较为封闭，不像开放性的问题那样让客户按照自己的兴趣随意地回答，常常会在提问中让客户感觉到你咄咄逼人的压力，从而觉得这不是在询问，而是在审问，让客户反感。

这个时候，为了避免因为过多地提问“是吗”引起客户的反感，我们在设计问题的时候，要提问一些准确无误、确实能够引起客户共鸣的问题，而这种问题只能说“是”。同时，在提问时，注意自己说话的口吻，态度要和缓，不然，很容易因为生硬，让客户觉得你不尊重他，不够友善。这个时候，很难促进交易的完成，也不利于同客户建立良好的业务关系。

适度“威胁”：刺激客户的购买欲

有一位美国画家，出售自己的三幅作品。

一位绅士走到画家面前，问价钱。

画家说：“250 美元。”

绅士觉得太贵，要求便宜一点，画家不愿意。

于是，二人一直在磨价，始终没有达成共识。

后来，在两人僵持不下的情况下，画家突然点火烧了一幅画。

绅士大吃一惊。

画家说：“只剩下两幅作品了，还是 250 美元。”

绅士摇摇头，表示不屑，仍要求画家降价。

这个时候，画家又点火烧了另外一幅作品，作家更加吃惊，觉得画家疯了，连忙说：“你不会还要烧第三幅画吧？”

画家说：“现在只剩下最后一幅了，你要吗？”

绅士连忙说：“好吧，250 美元，我买了。”

画家摇摇头，说："我不卖250美元了，卖500美元。"

虽然价钱涨了一倍，绅士还是无奈地买了下来，因为，仅有的一幅他不买，就会被其他人买走。

在这个故事中，画家通过烧画来"威胁"绅士，告诉他，不买就真的会错过。

在日常生活中，"威胁"可以增强说服性，让他人快速地做决定，这是一种劝说的手段。比如，老师会在放假前告诉学生不完成作业，就会请家长；上司告诉下属，迟到就会扣奖金，业绩不好就会被辞退。就连一些算命先生，看到走过的行人，会对他们说"你印堂发黑，此乃凶兆"，这也是一种"威胁"，暗示路过的行人，赶紧来算一卦，寻求化解的方法，不然就会有不好的事情发生。

事实证明，"威胁"可以起到很好的效果。

推销人员在向客户推销产品的时候，可以适度地运用"威胁"策略，刺激客户的购买欲望。

比如，在客户拿不定主意的时候，可以从产品的价格、数量、功效、意向客户等多个方面"威胁"客户，对他们说"就剩下最后一次机会了，如果不买，错过机会就买不到了"或者"过了几天，就没有相关的优惠策略了""还是要趁早买，不然时间一长，修复起来就麻烦多了"等，让客户形成一种如果不买，就会有一定的损失，或者有一定的后果的感觉，从而促使他们购买。

其实，现在网上为大家疯狂追逐的"双11"促销活动，也是运用"威胁"手段，通过"双11"最低价，刺激人们购物。

当然，这里的"威胁"并不是真的威胁，只是一种手段，最终目的是促使买卖完成。

为此，在运用"威胁"策略的时候，要把握适度原则，不能过分。要明白"威胁"的最终结果是刺激客户消费。"威胁"的时候，态度要友善，

因为你是在同客户沟通，并不是真的威胁。同时，“后果”要讲得清楚明了，一定不能太过夸大，不然很容易让客户觉得你在做戏，从而不相信你，也不愿购买产品。

巧妙让步：瓦解客户最后防线

一家运营很好的企业，因为经济不景气导致业绩大幅度下滑，利润减少。年底，老板只能发给员工一个月的年终奖金。为了不让员工心生抱怨，老板想到一个对策。

老板对企业的员工说：“由于经济不景气，企业运营出现危机。没办法，为了挽救企业，公司决定年底裁员，就连年终的晚宴也要被迫取消了。”员工一听，心里很不安，纷纷担心自己会是被裁掉的那一个。

几天后，老板又宣布：“虽然公司处在危机阶段，但是我们要同舟共济，再怎么也不能牺牲共同努力的同事。所以，公司最终决定不裁员。只是，今年的年终奖金可能发不了了。”

大家一听不裁员，心里的大石头落了地，至于有没有年终奖也不再关心。

后来，老板又把员工召集起来，对他们说：“由于考虑到年底大家事情比较多，开支会多，也为了犒劳大家这一年的努力，公司决定发一个月的年终奖，让大家过一个好年。”员工们听后欢呼雀跃，惊喜万分，已经忘了往年自己都是拿至少两个月的年终奖。

心理学上讲究“拒绝与退让”的策略。这个故事中的老板一直在向员工“退让”，最后，换得人心的同时，也挽回了损失。

所谓“以退为进”，就是当你被人拒绝的时候，就此放弃肯定会觉得遗憾可惜。这个时候，就可以选择退让。如果对方再拒绝，你可以再退让……最后，你会很容易在不断的让步中，瓦解对方的心理防线，给对方造成一种压力，让他不再抗拒，在不好意思中接受。

所以，在向客户销售产品的时候，可以运用“拒绝与退让”的策略，巧妙地“让步”，瓦解客户的心理防线，促成交易的完成。

“让步”要让得有技巧，要坚持“先大后小，先难后易”的原则，这样才有让步空间，才能让客户接受产品。

在推销产品的最初阶段，可以向客户推荐一款高端上档次价位也较高的产品。当被客户拒绝之后，再向他们推荐另一款价位相对较低，质量还不错的产品。如果客户再次拒绝，在有选择的情况下，给客户推荐再次一些的产品。如果客户还是拿不定主意，可以在价格、赠品等小恩小惠方面下功夫。这个时候，在你的一再让步下，客户就很难拒绝，如果你给他们优惠，他们还会在心里觉得自己占了便宜。

这里，“让步”的前提需要我们善于观察，善于询问，在得知客户真正需求的时候，问出他们“不太愿意”的真正原因。然后，在合理的情况下，适当地在他们拿不定主意的地方巧妙让步，这样才会很轻松地瓦解对方的心理防线。

不过，有一点要记住。在让步的时候，要表现得非常困难，让客户觉得你确实是在牺牲。如果你很容易让步，客户会怀疑，很大可能不会购买你的产品。

助 力 企 业 成 长

**中国财富出版社*
北京联大文化** 联合出品

作　者：黄中　　**定　价：**39.80 元

出版社：中国财富出版社

《绝对沟通：经理人制胜职场之王道沟通》内容简介

现代职场强调“沟通至上”，有效沟通成为职场非常重要的人际关系指南，它是职场人际关系的基础。虽然，职场中，有时候，说错话要比做错事严重得多。但是，沟通是在任何时候都需要的技能。

本书就是专门为众多职业经理人打造的一本制胜职场的王道沟通术，从心理、下属、上级、谈判、客户等多个角度解说最有效的沟通技巧。它将是一本高效的利器，帮助你打通职场的人脉关系，使得你在职场道路上越走越远，越走越顺。

作　者：何兴龙　　**定　价：**42.00 元

出版社：中国财富出版社

《超级领导力修炼 7 大法则》内容简介

成功的企业背后，离不开卓越的领导与有效的管理。领导不仅是一门有关管理的学问，也是调度协调、用人管人的艺术。作为领导者，领导力是衡量其团队角色的唯一标准，是对团队、企业的不可缺少的、最重要的贡献，而领导力就像无形的水，虽然难以捉摸，但并非无迹可寻。本书通过总结、归类领导力的七大原则，分门别类地阐述领导力的方方面面，将实践理论化，从而推动实践进步。

作　者：姚先桥　　**定　价：**36.00 元

出版社：中国财富出版社

《简单：化繁为简的力量》内容简介

日益精细化的分工，是现代社会的重要特征。面对纷杂繁复的工作环境，每一位职场人都有口难言。然而，化繁为简的工作方法，或者说是理念，是解决复杂工作的一剂良药。让工作简单，不是单纯的简化，而是去芜存菁，厘清轻重缓急，准确定位的先进工作原则。本书作者通过十几年的经验积累与观察，深入浅出地阐述“化繁为简”工作之道的原理及优越性，启发职场人在工作中运用“简单”的智慧解决问题。

*注：中国物资出版社已于 2012 年 4 月 1 日起正式使用新社名“中国财富出版社”。

作　者： 蒋巍巍　石玉峰　　**定　价：** 39.80 元

出版社： 中国财富出版社

《总裁变革智慧》内容简介

时代的变化，科技的进步，让原来的市场改变了模样，传统企业生产的产品已经不能满足市场的需求，一些有远见的企业开始利用市场的蜕变，对企业进行变革，使得企业重新找到发展方向，跟随着时代的发展脚步，快速成长。变革已经成为当今企业生存发展的主题。本书作者通过对变革多年的研究和分析，提供了一些变革准备与路径，帮助企业清除变革中的障碍，保证变革顺利进行。

作　者： 陈明亮　　**定　价：** 39.80 元

出版社： 中国财富出版社

《总裁营销智慧》内容简介

总裁营销能力强弱是企业能否赢利、走向成功的基本条件。"营销是赢利之基，决定着企业能否持续发展。"本书分为何以为"赢"、凭什么"赢"和用什么"赢"三个篇章，对总裁制胜营销做了详细分析，以帮助总裁分析企业营销现状、发现营销问题、选择适合企业的营销策略、避开市场营销中的陷阱，从而成为营销中的大赢家。作者以明确的思路、流畅的语言、严谨的逻辑将总裁在营销中需要注意的要点一一道来。

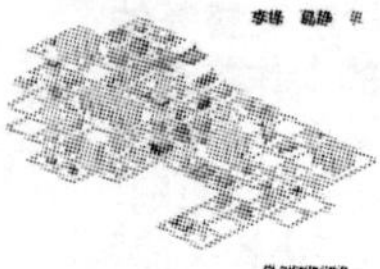

作　者： 李锋　葛静　　**定　价：** 35.00 元

出版社： 中国财富出版社

《社群营销》内容简介

本书共分为七章，采用图文并茂的表现方式，从进入社区的方式方法，到营销活动的调查、策划和准备，再到活动的开展、互动，以及最后的活动效果的长期维持，全程为您展现社群营销的方方面面，进行细致入微的介绍。本书还专门展开一章着重介绍了网络社群营销，详细叙述了在网络时代社群营销的新平台、新方式，使您能结合线上及线下，同时铺开营销活动，取得更理想的营销效果。

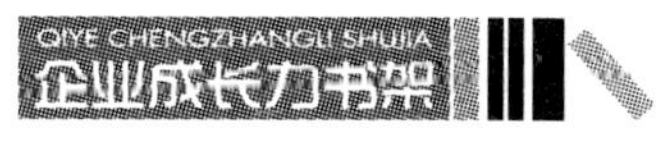

助力企业成长

中国财富出版社
北京联大文化 联合出品

作　者： 孙军正　王乐平　　**定　价：** 35.00 元

出版社： 中国财富出版社

《文化与人才突破》内容简介

在信息时代的商业竞争中，一家成功的企业不仅需要优秀的产品和强大的品牌作为保障，还需要自身独特的文化烙印；在创新成为主旋律的今天，人才是创新的源泉，企业发展需要一大批优秀的人才。本书围绕文化突破与人才突破两个部分，着重阐述了缔造企业文化的方法，以及如何构建企业现代战略人力资源管理系统，为企业发展提供人才支持。

作　者： 孙军正　刘明勇　　**定　价：** 35.00 元

出版社： 中国财富出版社

《战略与运营突破》内容简介

本书分为战略突破和运营突破两个部分，在战略突破这部分，着重阐述了战略对于现代企业的重要性，以及企业如何才能够获得战略性的成功；在运营突破这部分，着重介绍了5I运营管理机制模式。希望这本书能够帮助企业突破自身的局限性，进入到更广阔的发展空间里。也希望这本书能够帮助个人，突破自我，在企业中获得更多更好的发展机遇。

作　者： 曾文　　**定　价：** 35.00 元

出版社： 中国财富出版社

《像恋爱一样去工作》内容简介

本书从“和工作谈恋爱”的思路出发，为了帮助职场达人更好地建立“和工作谈恋爱”的工作思维，作者给出了明确职场工作意义、全身心投入工作、树立高目标、坚持带来力量、让自己更优秀、不断进行创新等相关方法。全书内容深入浅出，行文严谨而不失幽默，用翔实的案例、准确的逻辑和清晰的语言，为职场人摆脱工作倦怠、打造良好工作氛围设计和规划出一条行得通的道路。

助力企业成长

中国财富出版社
北京联大文化
联合出品

作　者：李锋　葛静　　**定　价：**39.80 元

出版社：中国财富出版社

《炒店：7 步实现门店网点人流量激增、销量翻番》

内容简介

本书致力于用平实的语言、贴近生活的案例、详细的步骤描述来展现炒店的整体面貌。不去过多地讲解理论，而是注重实际的可操作性、可应用性，尽可能讲述全面具体的执行方案、执行方法，让你阅读完本书后能够策划出一套属于自己的、适合自己店铺的炒店方案。

作　者：陈明亮

定　价：39.80 元

出版社：中国财富出版社

《怎么做，别人才追随》内容简介

追随力是领导力的重要组成部分。追随力看似抽象，无从把握和建立，但是经过仔细地研究和学习，追随力其实也是有迹可循的。本书作者有着丰富的管理实战经验，并长期从事企业领导培训工作。在本书中，作者将从各方面为读者介绍何谓追随力、追随力能够给企业带来的益处、企业家应该从何处着手建立追随力以及建立追随力时应该注意到的一些问题，希望能够为各位企业家排忧解难。

作　者：周子人

定　价：35.00 元

出版社：中国财富出版社

《管理者自我修炼》内容简介

管理才能不是天生的，需要不断地在工作中磨炼。优秀的管理者应该可以驾驭任何员工，因此，管理者应该从自身出发，找出自己的不足之处，不断修炼自己，提升自己的领导力。本书为管理者解读管理工作的真谛，助力管理者自我修炼。

作　者：杨平

定　价：35.00 元

出版社：中国财富出版社

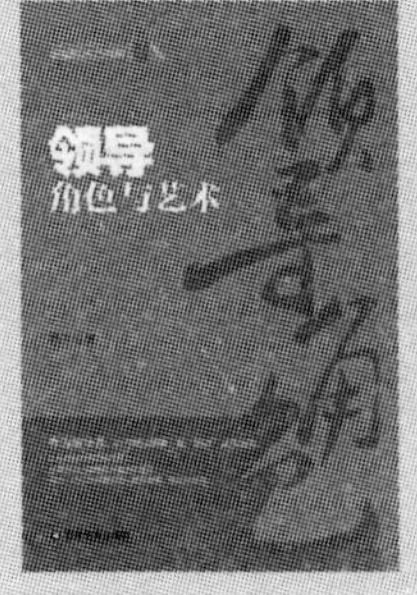

《领导角色与艺术》内容简介

本书针对现实中领导者的角色“错位现象”，分析了领导者为什么要进行角色管理、如何成功实现领导角色的转变，以及如何成为一名成功的领导者等问题，并总结了领导者的七大角色，为领导者进行角色管理提供参考。通过阅读本书，相信广大领导者可以更好地认识自己，知道身为领导者应该做什么、怎么做，从而更好地扮演自己的领导角色。

QIYE CHENGZHANGLI SHUJIA
企业成长力书架
助力企业成长

中国财富出版社
北京联大文化

联合出品

作　者：张友源　　　定　价：29.80 元

出版社：中国财富出版社

《左脑情绪管理　右脑压力管理》内容简介

大脑是人体的中枢，人生所追求的工作幸福、生活幸福，其实都隐藏在人类的大脑中。本书的独到之处在于提出了人类大脑的功能分区问题，主张每一个人都应该科学地使用好自己的左右脑，以使自己生活得幸福，在工作中享受到幸福感。作者认为，人类的左脑控制着情绪，而右脑则控制着对压力的感受，当左右脑彼此结合起来使用或交替使用时，就可感受到幸福，由此而揭示了幸福的神秘密码。

作　者：郝枝林　刘飞

定　价：39.80 元

出版社：中国财富出版社

《渠道为王：找对渠道做销售》内容简介

渠道就是市场，占领渠道就是占领市场。本书从 IBM、DELL 等品牌的实际案例入手，揭示了渠道在市场营销过程中的重要意义。通过渠道理论与实践充分结合，指导实际的销售活动，是一本全面解读渠道战略的实战宝典。

作　者：杨长征

定　价：35.00 元

出版社：中国财富出版社

《领导三斧半：100% 实现目标的领导智慧》内容简介

什么样的领导才能带领团队走向成功？如何做才能称得上是“优秀领导”？本书从古代名将——程咬金的“三板斧”入手，通过形象的语言、生动的案例及清晰的分析，将领导者的工作智慧总结为“领导三斧半”：瞄、抡、砍、变。灵活运用“领导三斧半”，打造名副其实的“优秀领导者”！

作　者：陈星全

定　价：32.00 元

出版社：中国财富出版社

《谈判攻略：销售这样谈最有效》内容简介

本书是一本结合销售实践和谈判技巧的实用工具书，对销售谈判人员在谈判过程中的不同阶段、消费者的不同心理，以及谈判者应该怎么去面对客户等方面都作了详细的介绍，内容通俗易懂，栏目设置精彩纷呈，可以帮助销售人员从根本上理解销售的本质，提升自我销售境界，对销售谈判人员的工作具有指导作用。

QIYE CHENGZHANGLI SHUJIA
企业成长力书架
助 力 企 业 成 长

中国财富出版社
北京联大文化 联合出品

作　者：潘永德　　**定　价：**26.00 元
出版社：中国财富出版社

《藏在口中的财富》内容简介

好的口才有着不可估量的价值，是每个人都需要的生存技能，从工作中的求职升迁，到生活中的恋爱婚姻，从人际交往中的说话办事，到事业中的营销谈判，事事离不开口才。

好的口才能使你受益一生，本书正是一本实用口才技巧训练手册，从改善说话声音、表情动作、表达策略等方面重新训练你的口才能力，同时针对生活中与你关系最密切的说话场合，教授你最实用的口才技巧，让你突破语言的障碍，轻松应对各种语言场合！

作　者：龚光鹤
定　价：35.00 元
出版社：中国物资出版社

《领导应该这样当》内容简介

领导是一种经验，领导是一种智慧。本书凝结作者投资大脑近百万的学习精华，巧妙地结合了现代企业快速发展的案例，综合分析了团队建设、投资技巧、建立人脉等领导技能的最新进展，分享了成为优秀领导者的秘诀。通过理论与实践充分结合，将本书打造成提高领导力的终极法则。

作　者：匡晔
定　价：32.00 元
出版社：中国物资出版社

《这样销售最高效》内容简介

销售工作可谓“成也在人，败也在人”，而这个“人”就是销售人员。销售人员是市场销售战略的“先知者”，不仅带领着企业拨开销售的层层迷雾，更为重要的是能够发现销售的真谛。本书把销售实战和理论联系起来，使销售人员能够在赢得客户的过程中充分理解销售理论，从而积累深厚的理论素养，指导实际的销售工作。

作　者：朱广力
定　价：32.00 元
出版社：中国物资出版社

《金牌销售不可不知的 9 大沟通术》内容简介

你是否为自己满腔热情的介绍，客户却无动于衷而烦恼？你是否为自己坚持不懈的努力，产品却无人问津而神伤？你是否为自己勤勤恳恳地工作，业绩却无法攀升而无措？金牌销售的成功战术究竟为何？本书通过分析 9 大沟通战术，结合具体的案例，揭示了成为一名金牌销售的秘密所在。

QIYE CHENGZHANGLI SHUJIA
企业成长力书架
助力企业成长

中国财富出版社
北京联大文化 联合出品

作　者：吴群学　　**定　价：**32.00 元

出版社：中国物资出版社

《学规则　融团队》内容简介

当你进入一个团队，而自己又不能改变团队的规则，学习和适应规则就成为你进入团队的必修课。记住：学习规则，融入团队，你才能快速地进入职场人的角色。

团队内部的一切问题都来源于规则问题。认识规则、把握规则、利用规则，最终同规则融为一体，才能在职场生存并不断前进。本书将告诉你 80 后、90 后职场人快速成长的法则！

职场就是：学规则、用规则、造规则！团队就是：先融入、再切入、后深入！

作　者：蒋巍巍

定　价：32.00 元

出版社：中国物资出版社

《左右逢源：职场人际关系的 9 堂课》内容简介

在职场上，你是否会担心孤立无援？是否会羡慕那些在人际关系上有特别天赋的人？是否希望为自己赢来良好的人际关系？职场成功又该如何界定？本书从职场里的一个个鲜活案例入手，生动地展示了职场中的沟通技巧，让你学会在职场中左右逢源，用人际打开晋升之门。

作　者：于飞

定　价：35.00 元

出版社：中国物资出版社

《向大客户要业绩》内容简介

抓住大客户，就抓住了大订单，抓住了高业绩，抓住了职场前景。所以，抓住大客户是每个销售人员的目标。然而要如何抓住大客户呢？这就是本书的价值所在。应对大客户的方方面面都需要更巧妙的技巧和方法，本书从 20/80 法则入手，帮助销售人员降低在销售工作中的成本投入，并提高能效产出，让销售人员掌握搞定大客户的技巧，在最短的时间拿下最大的订单。

作　者：马斐

定　价：32.00 元

出版社：中国物资出版社

《口碑载道：无本万利的营销方式》内容简介

对于所有企业的市场营销人员或是管理者来说，关注品牌形象和品牌发展，不如先好好了解一下如何做好口碑，这里面的门道究竟几何。本书从各大品牌口碑营销的经典案例着手，透析各家口碑营销之道，从中总结经验和技巧，提示企业市场营销人员及管理者，口碑营销是一门科学，必须认真学习和把握。

助 力 企 业 成 长

中国财富出版社
北京联大文化 联合出品

作　者：袁一峰　　**定　价：**32.00 元

出版社：中国物资出版社

《卓越从敬业开始》内容简介

爱一行才能干一行，专一行才能精一行。懂得敬业的人生是充实、美丽而快乐的，也唯有如此，才能真正脚踏实地、一步步走向卓越，成为一名卓有成效的员工。本书的出发点就在于让长期停滞不前的职场人士迅速找到桎梏自己职场步伐的原因；牢牢把握鞭策自己敬业而需掌握的心理；轻松学会被细化的、实践性极强的敬业“守则”，最终达到成就卓越的目的。

作　者：吴群学

定　价：32.00 元

出版社：中国物资出版社

《管理就这几招》内容简介

管理说难也难，说简单也简单。本书告诉你，只要掌握 4 招，就能将管理化繁为简，轻松搞定各种企业的各种管理难题。全书以“理论 + 实践”的板块构造为你呈现了企业管理者这一特殊角色所应该具备的各种能力、工作方法和技巧。因此，这是一本现代管理领域的实用之作。

作　者：王占坡

定　价：32.00 元

出版社：中国物资出版社

《万金一线牵》内容简介

与客户打着电话开怀畅谈，没有紧张的开场白，没有局促的自我介绍，气氛和谐又温馨，订单随着电话的结束而落下了成功的定音……这就是电话销售。可能吗？请你不要怀疑这样的场景，因为它真实地发生在我们身边。怎么办到呢？秘诀就在你手中的这本书中。

作　者：马斐

定　价：32.00 元

出版社：中国物资出版社

《赢在谈判》内容简介

我们现在所生活的时代是一个随时随地都可能需要谈判的时代，特别是销售人员更是需要用日复一日的谈判来为自己赢得订单、提高业绩、提高收入、表现能力，令上级刮目相看，得到晋升的机会。本书就是力求让每一位“力拼业绩”、想要在工作中扶摇直上的有志之士可以成为谈判高手，为自己、为公司争取更多的利益。因此，本书是你谈判桌上一本智囊宝典。

作　者： 马斐　　**定　价：** 32.00 元

出版社： 中国物资出版社

《拿下大客户》内容简介

企业的大多数利润是靠 20% 的大客户来赚取的。一个企业要发展，就需要有相当的利润作支持，而大客户是企业的利润源泉，生存和发展的助推器。如何获得大客户的签单？如何有效应对大客户的各种要求与质疑？请你不要着急，因为你手里的这本书已经为你考虑到了，并提出了相应的解决方案供你参考。

作　者： 覃曦

定　价： 32.00 元

出版社： 中国物资出版社

《服务制胜》内容简介

服务是一个长期工程，不能掉以轻心，也不能因循守旧，我们必须时时刻刻为客户着想，发自内心地为客户服务，真诚地为客户解决问题，注意细节，勇于创新，给客户提供最周到的服务。

本书分节介绍了各种服务法则，详细地帮助你解决服务过程的种种困扰，让你学会怎样达到客户的要求。

作　者： 向成学

定　价： 32.00 元

出版社： 中国物资出版社

《成交从异议开始》内容简介

本书专门针对客户常提出的各式各样的异议提供有效处理的策略与方法。书中列举了大量的销售案例，并大多以情景模式展开，目的便是更好地通过情景模拟来诠释异议处理的策略精髓。如果你还在为客户所提出的各式各样，甚至是千奇百怪的异议、意见、问题而感到头疼，或者说备受困扰，迫切地想要找到解决方法，那么，本书将为你结束困扰。

作　者： 曾展乐

定　价： 32.00 元

出版社： 中国物资出版社

《成交赢在心态》内容简介

心态是一个人一切言行的控制按钮，这个按钮决定着你生活中的一切。你的心有多高，你就能飞多高。只要拥有自己坚定的信念，不管在什么时候也不会被挫折打倒，你不再是一个弱者，而是一个能够改变自己生活的强者。

让你一步步改变自己的生活，让你成为销售中的强者，看本书怎样为你解答，相信你的选择，一定不会让你失望的。

作　者：张野　　**定　价：**32.00 元

出版社：中国物资出版社

《成交无限》内容简介

销售员在与客户沟通的过程中，80% 的客户或多或少会感到一些反感，这些反感有时会以某种形式表现出来，有时也会隐藏在客户的心里，成为与客户沟通过程中的最大屏障。那么，是什么原因引起的这种情况呢？面对这种情况该怎么处理呢？相信这本书的 55 个技巧对于需要与客户沟通的人将会非常有用，它对于我们与客户将是一个全新的桥梁。

作　者：姜登波　李华

定　价：32.00 元

出版社：中国物资出版社

《赢在管理》内容简介

本书通过对企业管理深入地剖析、分解，找出企业管理误区，并针对企业管理容易疏漏的地方进行填补，是每个企业管理人员手中的指南针，能够帮助迷途创业的人员找到扎营的地点。书内所阐述的问题新锐、真实，解决方法快速、简便，是现代企业领导者所不能缺少的良师益友，能够教导企业领导者如何做"泥菩萨过河，有招可取"的智人。

作　者：文征

定　价：28.00 元

出版社：中国物资出版社

《做世界上最优秀的员工》内容简介

世界 500 强企业集聚了世界上最优秀的人才。你想成为世界 500 强企业中的一员吗？你想知道世界 500 强企业最欢迎什么样的员工吗？你想知道为什么有的员工能够进入世界 500 强企业，甚至会经常受到众多世界 500 强企业的高薪聘请吗？那么，请看本书为您提供的这 7 种工作习惯，它将为您搭建登上世界 500 强这一豪华巨轮的台阶。

作　者：邹金宏

定　价：32.00 元

出版社：中国物资出版社

《麦当劳成功的启示》内容简介

麦当劳是世界 500 强企业之一，有超过一百万人的员工，已经在全球 121 个国家设有超过 31000 家快餐店。麦当劳是一个企业，也是一个王国，一个跨区域的王国。是什么原因让麦当劳如此庞大？如此成功？如此奇迹？它到底运用了什么方法？ 本书通过最真实的笔触，为你提供很多麦当劳成功的智慧和秘诀，使你从中获得有益的知识、借鉴和启发。

作　者：周锡冰　　**定　价：**18.00 元

出版社：中国物资出版社

《新员工要懂得的处世心理学》内容简介

新员工大多是在狂涛骇浪里的职场小人物，想要在如今环境糟糕、恶劣的职场上平步青云、如鱼得水，就必须懂得职场的潜规则。本书以大量案例生动地介绍了新员工必须研修的 25 堂职场课程。然而，本书的目的不是描写 25 个职场潜规则，而是为新员工开辟一个顺利的职场人生。

作　者：李华

定　价：35.00 元

出版社：中国物资出版社

《三分管理七分领导》内容简介

企业的高度不是来源于管理，也不是来源于高效的执行力，而是来源于领导。卓越的领导，决定着企业无限的发展潜力。

21 世纪的领导力不仅仅是领导的方法和技能，也不仅仅适用于领导者，它是我们每个人都应该具备或实践的一种优雅而精妙的艺术。如果你想摆脱刻板的管理者形象，成为一个形象鲜活、拥有更多追随者的魅力领导，请你将本书作为你的智囊宝典。

作　者：李华

定　价：32.00 元

出版社：中国物资出版社

《三分策略七分执行》内容简介

市场上琳琅满目的执行力图书常销不衰，再一次印证了执行力的课题引起了企业主和从业人员的高度关注，甚至可以说，一个企业是否高效，取决于企业团队执行力的强弱。

如果你是一个企业的中层管理者，而且想提高执行力这一决定职场成败最核心的技能，同时，在不断追求卓越，有加薪升职的愿景，那么，请你阅读本书的观点并实践相应的技能。

作　者：李华

定　价：29.80 元

出版社：中国物资出版社

《三分管人　七分选人》内容简介

从某种意义上来说，企业的竞争就是人才的竞争。作为企业“伯乐”的人力资源经理，如何为企业招聘到像“千里马”般优秀的员工，为企业不断发展适时提供有效的人力资源，已经成为衡量一个人力资源经理是否优秀的核心标准。

本书是专为人力资源经理量身打造的图书，通过学习本书介绍的经验和技巧，你会熟悉并掌握所有管人、选人的全部流程和方法。

企业成长力书架

助 力 企 业 成 长

中国财富出版社
北京联大文化 联合出品

作　者：王一恒　　**定　价：**29.80 元

出版社：中国物资出版社

《这样沟通最有效》内容简介

在与人沟通时，需多留心一下沟通技巧。对于管理者来说，掌握全方位沟通技巧就成了必修课。

本书通过轻松幽默的语言、丰富的故事，将沟通能力细化为 13 个方面，提供了一整套即学即用的管理沟通技巧。全书包括表达、倾听、反馈、批评、赞扬、说服、处理冲突、不同场合、不同对象、不同渠道等沟通技巧，教你如何选择恰当的沟通渠道和沟通方法，怎样依据沟通对象的性格类型选择沟通策略。

本书提供的全方位沟通技巧，既能让你与不同性格的下属进行有效沟通，又能确保你沟通的高效。

作　者：管永胜

定　价：42.00 元

出版社：中国物资出版社

《网络营销的 6 个关键策略》内容简介

本书作者曾任紫博蓝大客户总监，慧聪网产品总监，网罗天下广告媒介总监，《宠物世界》杂志社运营总监。

众所周知，网络已经渗透到我们工作、生活的方方面面，所以无论你作为一个企业主或从事营销相关的工作者，如果不懂得网络营销，我可以很肯定地告诉你：你失去的将是一个时代！基于此，管永胜通过十多年从事网络营销的经验和潜心研究，提出了从“网络营销”到“网络赢销”的新模式——AISCAS 模式！这一模式的提出将为你实现“网络赢销”提供新的启示。

作　者：吴永生

定　价：26.00 元

出版社：中国物资出版社

《这样授权最有效》内容简介

只有授权，才能让权力随着责任者；只有权、责对应，才能保证责任者有效地实现目标。授权不仅能调动下属积极性，也是提高下属能力的途径。

管理者一定要明白：自己的双眼永远要比双手做的事多。

本书立足于中国人思维模式，汲取西方之精华，注重实操性，让管理者即学即用。

作　者：李金玉

定　价：36.00 元

出版社：中国物资出版社

《激活你的团队》内容简介

员工激励是企业的永恒话题，更是企业长盛不衰的法宝。激励的技巧像一团云雾，很难掌握。同一个人，以同样的语速，对不同的人说同样的话，产生的影响可能是不同的。本书中，我们从 14 个方面对激励的技巧进行了全面的剖析，并且针对不同的人和企业设计了个性化的激励方案，希望能通过这些激励的技巧给企业的管理者一些启示。